**はじめに**

# 賢者は旅をする。愚か者は語る

　ある夏、アラスカの原野をひとりで歩いたことがある。

　久しぶりの長旅の充実感に、「旅が日常となるような日々」を自分は欲しているんだ、とつくづく思ったのだ。人は、ときにひとりで長い旅へ出かけるほうがいいのかもしれない。

　早朝、テントを片づけ、ブーツの紐を結ぶ。そして、歩きはじめる。

　夏のアラスカは、夜がない。時間の感覚がなくなるんだけど、それでも白夜に月がきれいだった。

　つぎの朝、またテントを片づけて、新しい一日がはじまる。新しい一日、といっても今日も歩くだけだ。

「人生、山あり谷あり」なんて言葉があるけど、僕が立っているアラスカは、見わたすかぎりが原野だった。

　人生とは違うところに位置している土地なのかもしれない。

　旅は順調に進み、10日間ほどで長いトレイルを歩ききった。ハイウェイへ出たら、あとは親指を立てて町へ向かう車を拾えばいい。

「達成感」というより、「もう歩かなくていいんだ」という安堵に似た不思議な感慨が強かったことを覚えている。

　この長い旅ではっきりしたことは、自分の身体にぴったり合うバックパックと頑強なブーツに出会えれば、どこまででも歩いていけるぞ、ということだ。

　でも、ひとりで長い旅へ出るほんとうの意味は、僕ごときにはわかるはずがなかった。

　ただ、旅から帰ってきた僕は、旅へ出る前の僕とはちょっと違っていた。違う位置に立っているような気がしたのだ。

　人間としてのバージョンが、確実にアップされているのだ。そのことは、実感としてあった。

ひとりでの長い旅は、人に思わぬ影響を与えるものだ。旅へ出るというのは、そういうことなんだな、と切実に思った。
　風も吹かない都会での日々を過ごしていると、ときに気持ちが動きはじめるのだ。
「バージョンアップにつながるような旅へ出たい」と、地球儀を眺める時間が多くなってくるのだ。
　いつまでも「かっこよく、かつ自分らしく（Cool but Natural）」でありたいし。
　みなさんも、いい旅を！

堀田貴之

一人を楽しむソロキャンプのすすめ
もう一歩先の旅に出かけよう

# Contents
[目次]

## Chapter 1
7

### もう一度バックパッキング

1. 『遊歩大全』が歩く喜びを教えてくれた …………………………… 8
2. バックパッキングの旅とは法律の外へ出かけること ……………… 10
3. でこぼこの国の四季を遊びつくそうではないか ………………… 12
4. 軽さや機能だけにこだわると自分自身が"軽く"なれない ……… 14
5. ロー・インパクトからポジティブ・インパクトへ ………………… 16

## Chapter 2
21

### 「衣」と「移」の道具とノウハウ

《衣》
1. [アウター]晩秋の山旅には「アンプラグドないでたち」で ……… 22
2. [インナー／靴下]四季をとおして、ウールに夢中！ …………… 24
3. [レインウェア]Come Rain or Come Shine（降っても、晴れても）…… 28
4. [小物]僕は帽子とマフラーが好き ………………………………… 32

《移》
5. [バックパック]背負ってみてフィット感を確認する･････････････････ 34
6. [サブバッグ]シンプルなショルダータイプが使いやすい･････････････ 38
7. [靴]浮かれやすい男にはハイカットのブーツがいい･････････････････ 40
8. [インソール]ひざ痛を防いでくれる「靴の中の力持ち」････････････ 42
9. [サンダル]世界を斜めから眺めているような感じが好きだ････････ 44
10. [ヘッドライト]山での夜遊びに欠かせない道具･････････････････････ 46
11. [ウォーキング・スタッフ]気軽な山歩きにはシングルが似合う･･････ 48
12. [地図]地形図は山歩きの楽しみを倍増させてくれる･･･････････････ 52
13. [天気]iPhoneと観天望気、どっちが楽しいか･････････････････････ 58
　　COLUMN①　オートキャンプばかりでは、
　　　　　　　　精神がメタボリックになってしまう････････････････ 60

Chapter 3

61

# 「住」の道具とノウハウ

《住》
1. [タープ]人生を素敵に踏みはずさないか?････････････････････････ 62
2. [テント]ひとり用に求めるのは中で座れる高さ･････････････････ 66
3. [ビビィサック]このものぐさ野営スタイルが好きだ････････････････ 70
4. [ハンモック]ヘネシーハンモックがテントの時代を終わらせた･･････ 72
5. [スリーピングバッグ]いい寝袋はいい夢を見させてくれる･････････ 76
6. [マット]中綿入りのインシュレーションタイプが好き･･････････････ 80
7. [ランタン]ひとりの夜は「夜の色」を楽しみたい･････････････････ 82
8. [ファーストエイドキット]身体と装備の悩みごとを詰めていく･･････ 84
9. [ロープワーク]「もやい」「巻き」「トラッカーズ」の3つを覚えよう･･ 86
10. [トイレ]「外でうんこしてる?」の挨拶が永遠に不滅であってほしい ･････ 90
　　COLUMN②　焚き火をめぐる九つの物語････････････････････ 92

## Contents

### Chapter 4 — 99

## 「食」と「遊」の道具とノウハウ

《食》

1. [ストーブ]ガソリン・ストーブの不規則な炎が元気をくれる ……… 100
2. [クッカー]優雅な食事はシンプルなコッヘルから ……… 104
3. [ホットサンドメーカー]フライパンにもなる自由なクッカーだ ……… 106
4. [水筒]おいしい水を飲むならいれものにもこだわりたい ……… 108
5. [ナイフ]小さなものでよいからひとつバックパックに入れていこう ……… 110
6. [食料]なるべく軽く、燃料の消費が少ないものを ……… 112
7. [コーヒー]「違いのわからない男」が荒野でコーヒーを飲む理由 ……… 114

《遊》

8. [楽器]旅には精神安定剤が必要だ ……… 116
9. [記録道具]文字を書く瞬間に「襟を正す」感じがするので好きだ ……… 120
10. [画材道具]自分のなかに新しい目がひとつできる気がする ……… 124
11. [自作道具]手作りグッズはコミュニケーション道具でもある ……… 126
    COLUMN③　カングーで見る夢 ……… 128

### Chapter 5 — 129

## 自分らしい旅へ

1. [ウラヤマハイク]東京ウラヤマ・ロングトレイルを歩く ……… 130
2. [アニマルトラッキング]ムササビの暮らしを覗き見る ……… 136
3. [巨木ハイク]巨木の森は「分相応に生きろ」と教えてくれる ……… 140
4. [トレイルヘッド前泊登山]富士山山頂で最敬礼 ……… 144
5. [スルーハイク]地球のいちばん平らなところ ……… 150

# もう一度バックパッキング

Chapter 1

# Lesson 1
# 『遊歩大全』が歩く喜びを教えてくれた

「歩くことが、楽しみにつながるんだ」と、教えてくれた本がある。

タイトルは、『遊歩大全』。遊歩というはじめて聞く言葉に、ここには新しいことがあるぞ、と予感させられた。

コリン・フレッチャーが書いたこの本の原書がアメリカで発行されたのは、1968年。その後、改訂版が74年に出て、そして78年になって、上下巻の翻訳本が日本に登場したのだった。発行は森林書房で、発売が山と溪谷社。訳者は、故・芦沢一洋さんだ。

## ウルトラライトや
## ローインパクトの原点

本書には、バックパッキング(徒歩旅行)のノウハウがぎっしり詰まっている。が、そんな技術や情報や道具よりも驚かされたのは、ナチュラリストであることが、地球に暮らす上でどれだけ人間らしいか、ということが随所にうかがえることだった。

と同時にバックパッキングという旅のスタイルが、すでにアメリカでは文化となっているんだな、と感じさせてくれた。アウトドアやバックパッキングという言葉さえまだ定着していなかった日本だが、アメリカではすでにバックパッカーは、文化も背負って歩いていたのだった。

いま読み返してみても、ウルトラライトやロー・インパクトの原点になるような話にうなずくことが多い。

そしてなによりも、歩き旅を「遊歩」と訳してしまったところが、美しいではないか。いまもなお、この本は、多くの人にもそうであるように、僕にとっての心のよりどころである。

その翻訳者の芦沢一洋さんは、日本版『遊歩大全』発刊の2年前の76年に、『バックパッキング入門』(山と溪谷社)を書いている(この本もすばらしい)。

そして、同じ年に雑誌『Outdoor』(山と溪谷社)が創刊された(創刊号はたしか『OUTDOOR SPORTS』というタイトルだった)。

そう、1970年代なかばから後半にかけて、日本でもアウトドアやキャンプ、バックパッキングという言葉がようやくひとり歩きをはじめ

たのだった。山登りやボーイスカウトだけが野外活動ではない、と教えてくれたのだ。シンプルな道具だけを持って自然のなかへ出ていくことが、いかにわくわくすることか。ライフ・スタイルを変えてしまうほど興奮することだぞ、と示唆してくれたのだった。

70年代後半こそが、日本のアウトドアの夜明けだったのだ。

古きよき時代、といってしまえばそれまでだ。でも、山や自然は征服するもの、という考えから、自然と共存することで、さらに地球を楽しめるぞ、という考えが生まれ、定着しそうな気配が漂いはじめたのは事実だ。

あれからすでに40数年がたつ。果たして、自然との共存は進んだろうか。

## → 影響を受けた本

**遊歩大全**
この本が、「人生を素敵に踏みはずす」ことを教えてくれた。若きある日のことだ。いまでも、読み返すたび驚きがある。

**バックパッキング入門**
40年前に書かれたとは思えない。いまなお、生暖かい息吹が感じられる。『遊歩大全』同様、僕にとって無くてはならない本だ。

**ウォールデン 森の生活**
これは、19世紀に書かれた物語。睡眠薬がわりになるほど退屈だけど(失礼!)、ここには地球とのつきあいのすべてがある。

# バックパッキングの旅とは法律の外へ出かけること

Lesson 2

日本のバックパッキング旅の憂鬱は、人混みだ。

夏の山岳地帯を歩きたい、と思っても、そこには登山客がいっぱいなのだ。山小屋の混雑は中国の列車なみだし、キャンプ指定地もブラジルの貧民街状態である。

当然のごとく便所や炊事場は不潔となり、地下に染みいる汚水で、周辺の沢の大腸菌密度が極端に高くなる。

そんな人混みで過ごすぐらいならだれもいない場所でキャンプをして山を巡ればいいじゃないか、と思うだろうけど、国立公園や国定公園、あるいは国や都道府県の条例などなどがあるのだ。その条例に従うと、どうしても宿泊場所は、多くの人と同じになってしまう。

### トレイルからちょっと奥に入ってハンモックを吊るす

初夏のある日、僕はゲリラキャンプで東京近郊の山々を4日間歩いた。法律を、ひとまず引き出しの奥にしまい込んで。

そのときに選んだ道具が、ハンモックだ。

このシンプルな寝具を使うことで、自然へのインパクトは最小ですむ。ハンモックは、形跡をまったく残さず一晩を過ごせる道具なのだ。

日が暮れるころ、トレイルから奥へ入った場所にハンモックを吊るす。4メートルほどはなれたじょうぶな木が2本あれば、それでいい。

持ってきたワインとともに、かんたんな食事をする。もちろん、焚き火なんてのはもってのほかだから、コンパクトなストーブが必携となる。寝るまでのひとときは、「旅の精神安定剤」と呼んでいるウクレレを弾いて過ごす。そうしたキャンプだ。

トレイルからちょっと奥へ入る、というのは人から隠れるためではない。山の中では、人の気配はないほうがいい。そのほうが歩いているほかの人は気持ちがいいだろう、という判断からだ。

僕は、べつにキャンプ禁止の場所でキャンプをしたいわけではない。自分の判断で、キャンプ地を選びたいだけなのだ。

僕にとって、バックパッキングの旅は、法律の外へ出かけることを意

味している。

　ひとりで法律の外側を歩いていると、圧倒的な自由が広がっていく。その自由さは、自分の気持ちや自然に対して正直でなければ生まれてこないたぐいのものだ。

　法律の外で生きるなら、正直者でなければならないのだ。

高温多湿の日本の夏には、ハンモックが似合う。ハンモックは癒しのための繭ではない。昼寝のためのものでもない。旅の道具なのだ。ヘネシーハンモックが、そのことを教えてくれた。

ある日あるときの、ひとり旅装備。まん中が、ヘネシーハンモックのウルトラライト。右端のギターは、ご存じマーティンのバックパッカー。このときは、たしか2泊3日の丹沢山塊への旅だった。

# でこぼこの国の四季を遊びつくそうではないか

国土は少々狭いけれど、日本には風情あふれる四季がある。

そして、でこぼこがそこここにある。土地が狭い分、そのでこぼこは凝縮されているようだ。

雨の多い気候から、川の水は豊富だ。急峻な流れからゆったりとした大河まで、表情豊かな川がある。

さらに、まわりは海に囲まれている。暖流のやさしい浜辺もあれば、寒流が身体をおびやかす海域もある。

また、南北に細長いことで、同じ時期でもいくつかの季節を楽しめる。

国土が狭い分、いろんな変化を神さまが与えてくれたのかもしれない。

そんな土地を見逃す手はない。遊びつくすしかないのだ。僕たちは、この国土を遊ぶために生まれてきたのだから。

### 地図を広げてアームチェア・トラベラーに

どこへも出かけられない日、地図を眺めながらどこへ行こうか、と考える夜がある。アームチェア・トラベラーとなるのである。

東京のウラヤマ・ロングトレイルから北アルプスの長い長い縦走、北海道の山々まで、たいていの計画は、薄暗くした部屋の読書灯の下、ワインを手に地図を眺めながら生まれてきたものだ。

そればかりではない。

数々のシーカヤック旅や海峡横断、それに自転車旅も地図が発端だった。

僕のロング・ディスタンス（長い距離）旅は、こうして生まれてきたものがほとんどだ。

ついさっきも、地図を眺めながら夢想していた。

いま住んでいる東京郊外の家から、生まれ故郷である大阪までのルートを考えていた。

歩くなら東海自然歩道があるけど、既存のルートに縛られたくない僕は、富士山を越えてとか、ときには海辺にも出たいよな、などとつぶやきながら、地図を見る。

東京から大阪までの海をシーカヤックで行く、という手もある。何日かかるだろう。

それに、東京から大阪といえば、東海道中膝栗毛があるではないか。スルーハイクの大先輩である弥次さん喜多さんルートをいまの時代に旅

するなら、自転車がいいかもしれない。

そういえば、そもそも弥次さん喜多さん旅は、お伊勢参りが発端だったはずだ。現代版・お伊勢参りもおもしろいかもしれない。

巡業の道といえば、四国のお遍路もある。霊場を巡拝することに興味がわかなくても、四国を歩いてみる、というのも手か。

でも、巡礼路といえばやっぱりスペインの「サンティアゴ・デ・コンポステーラ」だな。

やがては、本棚から世界地図をひっぱり出してくることになる。

そんなことをやりはじめると、ワインがいくらあっても足らない夜となるのであった。

カヤックは、たんなる乗り物ではない。海を旅する道具なのだ。昔日の人たちの叡智が宿っている道具でもある。カヤックもまた、自然とつきあう方法を見せてくれる。

折りたたみ自転車で旅に出れば、この国のありがたさがよくわかる。鉄道やバスを自由に使うことができるのだ。同時に、坂道が多い国土を恨むことも……。

SUP(スタンド・アップ・パドル)もまた、旅の道具だ。海や湖、それに川下りも。この新しい遊びを覚えた僕は、「まだまだ立つ!」と張りきっているのだが……。

## Lesson 4
# 軽さや機能だけにこだわると自分自身が"軽く"なれない

　僕はいまひとりで、本州のほぼ中央に位置する2500メートル級の山の稜線を歩いている。

　「いくら歩いても、淋しい気持ちはかわらない」などとうたいながら。

　バックパックに旅道具を放りこんでひとりで山を歩くときは、できるかぎり軽い装備で歩きたい。そうでないと、身体がつらい。足や膝や腰が、もういい加減にしてくれよ、と嘆くのだ。

　でも、山というのはほんとうにやっかいで、真夏なのに歯がみ合わないほど寒い日もあれば、真冬なのにアロハシャツがほしい午後がある。まったく人間にとっては、自然のなかへ出ていくというのは、いろいろな装備が必要となってくる行為なのだ。

### 道具は少なく、シンプルなほどいい

　しかし、旅へ持ち出す道具は、少なくかつシンプルなほど、自然はその素顔を見せてくれる。少ない道具を使うことで、自然の懐の奥深さを感じることができるのだ。

　そして、自然のなかには、地球の知恵がいっぱい詰まっている。だから、シンプルな道具で出かけると、そうした知恵をどれだけ利用させてもらえるか、ということが楽しみとなるのだ。

　そもそも、なにもかもがそろっていたら、それは旅じゃなくなってしまう。

　ただ、当たり前のことながら、装備の選択は、旅の目的に応じて、ということになる。

　ほんとうにきびしい場所への冒険行なら、装備にオーバー・スペックという言葉はない。どれだけの装備をそろえても、自然はそれ以上の試練を与えてくれるだろう。

### 趣味の道具や嗜好品が助けてくれることもある

　が、生死にかかわるような旅でなければ、ある程度、装備選択に気を抜くほうが愉快かも、と思うことがある。

　当たり前をくつがえしていくことで、出会えることもある。目的に応じていない道具を持っていくことは、旅を充実させる重要な要素になるかもしれない。

無駄だと思われるものをどれだけ持っていけるか、が余裕のみせどころでもある。

　それは本だったり、楽器だったり、遊び道具だったり。ようするに、趣味のもの、あるいは嗜好品と呼ばれているものだ。お酒やワインなんかも、この部類に入るだろう。

　たとえば、緊張や興奮で眠れない旅先での夜。一冊の本とラム酒があるだけで、その夜はぜんぜん違うものとなる。ノートブックと万年筆でもいい。よしなしごとを書きつらねると、心が落ちついてくるものだ。

　かように、目的からはなれた装備がじつは精神安定剤となり、旅をスムーズにこなす役目を、村の鍛冶屋さんのように「こつこつ」と果たしてくれるのだ。

### いい人間は天国へ逝く。
### 軽い男はどこへでも行く

　装備の軽量化や機能ばかりにとらわれていると、自分自身が軽くなれない。なんたって、旅へ出るってことは人生を軽くする、ってことなんだから。

　いい人間は天国へ逝くけど、軽くなれば、どこへでも行ける。もともと軽い人間である僕がいうのだから、これは間違いはない。

　旅の必需品は、少なくかつシンプルに。しかし、無駄だと思われる道具は、重量や機能にとらわれずに選ぶ。

　というわけで、ひとりで山を歩く今日の僕は、カトラリーをすべてチタンに、ストーブは小さなボルドーバーナーに、そしてテントは持たずキャンプ用のヘネシーハンモックという軽量な装備である。が、バックパックのなかには、古いギブソンのウクレレを隠し持っているのだ。

高みへ登るということは、「天国へ近づいていく」いうことかもしれない。旅を続けるってことは、軽くなることなんだ。

# ロー・インパクトから
# ポジティブ・インパクトへ

　もとはといえば、すでに死んでしまったひとりの男との会話からはじまったのかもしれない。

　あまりにも唐突だけど。

　それは30年近く前のある日のこと。カナダ人のローリー・イネステイラーと、茨城県の那珂川をカヌーで下っているときだった。

　僕たちは、1泊2日ののんびりとした川下りを楽しんでいた。瀬で叫声を上げ、水しぶきに突っこんでいき、わざと沈をして川を泳ぎ。そして、夜には焚き火を前につきることのない話がつづき、早朝には岸辺に集まっていた魚を追いかけまわした。そんな時間を過ごしていたのだ。

　そして2日目の川下りの途中、「おれたちは、この川から楽しい2日間をもらったんだから、なにか恩返しをしないとな」という話になったのだ。その前には、どんな話をしていたのかは忘れてしまった。でも、突然そういう会話になったのだ。

　そこで、いま僕たちが那珂川のためにできることを考えた。

　そして、川原のごみを拾い集めたのだ。オープンデッキ・カヌーにつぎつぎとごみを放りこんだのだった。那珂川へのちょっとした恩返しになるかもしれない、と。

　バックパッキングをはじめ、カヌーなどすべてのアウトドア遊びにおける基本的な考え方に、ロー・インパクトというものがある。『遊歩大全』を書いたコリン・フレッチャーやアメリカの老舗自然保護団体「シェラクラブ」などが、1960年代に提唱した、自然とのつきあい方だ。

　人間が野外で遊ぶときには自然へのインパクトを最小限にしよう、という提案だ。ごみなどを残さないなんてのはあたりまえで、できるかぎりすべてを元のままに、地球へのインパクトを最小限にしよう、という考え方だ。

　謙虚なこの姿勢は、人、あるいは地球に暮らすほ乳類の一員として、時代を超えて大切なことだ。

　しかし、日本の国土の狭さと人口密度のきつさを思うと、ロー・インパクトという考え方だけじゃ、もの足りないかもしれない。

　ならば、僕たちが野外で遊ぶこと

によって、未来に対してなにかいい兆候をもたらすことができないのか、という考えにいたったわけである。大それてはいるけど……。

### ロー・インパクトの向こう側にあるもの

そんなことを考えるには、あまりに能天気な冬の一日である(とここで、月日は一気に30年が流れ、晴天の東京ウラヤマでの話となるのだ)。

どこまでも空は高く、風はない。気温は低いが、凍えるほどではぜんぜんない。いつの間にか世の中のいざこざが平和に解決したかのように、太陽は暖かい光を僕たちに投げかけていた。

ようするに、遊歩日和なのだ。

そんな日、僕は東京都檜原村へやってきた。朝から低山を歩き、今日一日はロー・インパクトのその向こう側にあるだろうポジティブ・インパクトについて考えてみよう、と。

枯葉が積もった冬のトレイルを、影を長くしてがさがさと歩くのだ。その影の向こうには、世界の果てまでも見わたせそうな景色が広がっていた。

ポジティブ・インパクトとは、フィールドにインパクトを与えないだけではなく、僕たちが遊ぶことでいいインパクトを与えられないか、

オープンデッキカヌーにキャンプ道具を積み込んで、那珂川を下る。
川下り旅が、僕にいろんな世界を見せてくれた。

という考えだ。勝手なネーミングなので、まだだれも知らない言葉だけど。

まずは、「目にしたごみを拾う」という行動に出た。

しかし、他人のごみを拾うというのはストレスがかかる。気軽にポケットへ入れられるようなごみならまだいいが、触るのもはばかられるようなごみもある。

そこで、ごみ集めも楽しみのひとつとしてできないか、と考えてみた。たとえば、見つけたごみを分析してみる。

このごみはどこからきたのか？　なぜ捨てられたのか？　故意に捨てたものなのか？　捨てたのはどんなやつなんだ？　そんなこんな考えてみることにしたのだ。

ごみを捨てる人なんてほとんどいない現在のトレイルでは、ごみは少ない。たまに落ちているごみも、故意に捨てたのではないようだ。

よくよく探すと、小さな飴の包み紙が多い。

とすれば、そんな分包してる飴を山へ持ち込むのはやめよう、と訴えればいいんじゃないか。あるいはもう一歩進んで、飴を作るメーカーに分包はやめてくれ、と提案する。

そんなふうにごみ問題を眺めてみるのもありだと思うのだ。

また、ごみだけでなく草木の盗掘や採集跡も分析してみた。

それらを観察、分析することで、人物像や動機、その背景などを探ってみたのだ。そうすることは、もしかしたらマナー啓発の材料として集積できる可能性がある。

さらには、枯損木（こそんぼく）のマーキング。枯れて倒れる危険のある木を見つけたら、その場所を地形図上に記し（GPSデータとともに）、ナンバリングし、そして木にテープを巻きつける。そのデータをあとで東京都のレンジャーにわたすのだ。

それにしても、ごみや枯損木を探すという目で森を見ながら歩いたことがいままでなかったので、これは新鮮な体験だった。ちょっと違った目で森を見るだけで、こんなに山の印象がかわるものなのか。

### とことん遊ぶことで、今日よりも明日が……

そして、もうひとつ大事なアクティビティ（？）は、そのフィールドのものを食べよう、ということだ。それは、野草だったり、キノコだったり、川があれば魚だったり。

今日のところは、ミヤマフユイチゴである。下山したところの数箇所に、ミヤマフユイチゴの群生があっ

た。しかも、その実は食べてくれとばかりに赤く燃えている。見のがす手はあるまい。

その夜は、ミヤマフユイチゴの実をパスタ・ソースにしたのだ。粗野にして、豊潤な味覚。宝石よりも美しいミヤマフユイチゴの実。夢中になって集めた実は、パスタ・ソースのあと、カクテルとなり、檜原村の記憶となったのだ。

人は、現地の野生のものを食べることで、そのフィールドと深い関係を結ぶのだ。

以前、多摩川をカヌーで下りながら雑魚やカニを捕り、それらを食したことがある。そのときは、川原の野草も採った。そのように多摩川から糧を得た僕としては、多摩川と肉体関係を結んだかのようで、その後も、多摩川のことが気になってしかたがない。カニはまだいるだろうか、雑魚がいっぱい泳ぐ川の環境はかわってないだろうか、と。

だから今日、ミヤマフユイチゴの実をいっぱい摘んだ僕は、来冬もまた、この地のこの場所にミヤマフユイチゴが実る環境がかわらず続くかどうかを、これからずっと気にしながら暮らすのである。山を見守るのである。未来永劫、おいしくいただきたいからだ。

いいことをしようとしているわけではない。山を取りまく自然をとことん遊び、より楽しもうとしているのだ。本気で楽しむことで、自然環境は今日より明日のほうがよくなるんじゃないか、と思っている。

遊べば遊ぶほど環境がよくなっていく。その方向を探っているところである。

東京のウラヤマを歩きながら、ポジティブ・インパクトのことを考える。富士山は、「ま、のんびりやろうぜ」と、いってるけど。

檜原村で枯損木の調査。身近な山を違った目で見ることができた。

でも、ひとつだけ心配なのは、そんなことが実現すると、さらに遊ばなくてはいけなくなる、ということだ。すでに遊びすぎでもう遊ぶ時間なんてまったくないのに、まだ遊べというわけである。

この先、僕はいったいどうすればいいのだ？

ウラヤマで見つけたミヤマフユイチゴは、冬の太陽に輝いていた。地域によっては、カンイチゴと呼ばれるらしい。ウラヤマの宝石だ。

野生食材理人の蜂須賀公之が、冬のこの木苺に新たな息吹をあたえたのだ。そのまま食べてもじゅうぶんにおいしいが、この夜は、何種類もの味つけで楽しませてくれたのだった。

圧巻は、ミヤマフユイチゴのパスタ。甘味と酸味が口の中で交錯する。ワインがいくらあっても足らない夜となったのだ。

# Chapter 2

## 「衣」と「移」の道具とノウハウ

衣

Lesson 1

# [アウター] 晩秋の山旅には「アンプラグドないでたち」で

　晩秋の低山を歩くのが、大好きだ。

　山に紅葉が終わるころ、トレイルは落ち葉におおわれる。

　トレイルに積もった落ち葉を蹴散らすように、音をたてて歩くのだ。「さらさら」という音は、ひとり歩きの淋しさを紛らわせてくれる。そればかりか、山歩きの気分を高め、心を愉しませてくれるのだ。

　秋は、アンプラグドな山旅へ出ることにしている。そんな一日にこだわりたいのは、装備だ。

　まずは、晩秋の山旅に似合うウェア。派手な色づかいじゃないだろ。機能最優先の化学繊維じゃないだろ。

　シャツはペンドルトンのバージンウールのシャツ。アンダーは、アイベックスのウーリーズ。ボトムスは、ザ・ノース・フェイスの厚手のコットンパンツ。そして、ブーツはダナーのマウンテンライト。背中に、シライデザインの帆布リュック。ギブソンの古い古いバンジョーウクレレも持っていこう。頭には、アクシーズクインのウールのチロリアンハット。手には、布袋竹（ほていちく）の杖。

　仕上げは、バブアーのオイルドジャケットだ。ぼくは、これをほとんど街着として使っている。しかし、このジャケットの生い立ちを思いおこすと、やはり野外でこそ使ってやりたい。

　素材はヘビーなコットン生地。

　その生地の上に、防水のためにオイルがしみこませてある。

　防水性は高く、本降りの雨でもだいじょうぶ。

　なによりもうれしいのは、じょうぶさだ。

　過去、小枝だらけの藪を歩きまわったりしてもだいじょうぶだったし、斜面で滑り落ちたときもジャケットに傷がついただけだった（身体へのダメージは大きかったが……）。

　そういえば、自転車でひっくり返ったときも、そのタフさを存分に見せてくれた（身体へのダメージは、かなり大きかったが……）。

### 不便を愉しむぜいたくな旅

　一年にほんの数回だけど、アンプラグドな道具たちがもっているヘビーデューティなポテンシャルを、

「衣」と「移」の道具とノウハウ

ちゃんと引き出してやりたいから、僕はこうした装備で出かけていく。

なんたって、このいでたちで出かけてみると、気分が大きく違ってくるのだ。

たとえば、ウッド＆キャンバスと呼ばれるオープンデッキのカヌーがある。その名前のとおり、木と帆布で作られたカヌーだ。

昔日のカヌーである。いまでもトラディッショナルな工法で、このウッド＆キャンバス・カヌーを作っている人がいる。

現在の化学素材のカヌーに比べると、圧倒的に重たいし、強度にも不安がある。メインテナンスに手間がかかる。そして、高価だ。

しかし、ウッド＆キャンバス・カヌーは人を（とくに僕のような人間を）川旅へと誘うのだ。このカヌーに乗ると、川に対して挑戦的な気持ちにはまったくならない。川を取り巻く自然が近くなる。自分もまたこの自然界に含まれた人間だ、という思いが強くなるのだ。

こうしたアンプラグドないでたちは、風狂かもしれない。いまの時代には、はやらないかもしれない。

でも、小さな不便が次々と湧いてきて、それをひとつずつこなしていくと、笑顔はどんどん大きくなる。

不便を愉しむ旅こそが、ぜいたくにあふれている。

これこそが、僕が考えるところの「アンプラグドな旅」なのである。

Chapter 2

## バブアー／ムーアランドジャケット

質実剛健なメーカーの姿勢は、ハードワークに耐えるウェアとして、イギリス王室御用達（ロイヤル・ワラント）の栄誉を与えられている。長年愛用しているのは、残念ながら現在は廃盤になってしまったムーアランドジャケット。現行品のビデイルやビューフォートとほとんど同じクラシックスタイルだ。

衣

Lesson 2

### [インナー／靴下] 四季をとおして、ウールに夢中！

「アンダーウェアは、ウールがいちばん」てなことをさぞ知ったかぶりをして話をしたら、昔の人に笑われる。

当たり前だったのだ。

1960年代や70年代には、「山へ行くならウールを着ろ」と、ごくふつうにいわれたものだ。

ところが、1980年代に入って、化学繊維の下着が登場してきた。ポリプロピレンやクロロファイバーなど、吸湿性がない繊維を使ったこれらの下着の登場に、当時はびっくりしたもんだ。

濡れても軽く、冷たさを感じにくい。しかも乾きが早いというこれらの化学繊維は、とくに、積極的に水に濡れるカヌーや沢登りには、魔法の下着だった。

ただ、ポリプロピレン素材のものは肌触りが悪く、着ていて不快だった、という印象が強く残っている。

その後、キャプリーンに代表されるポリエステルの極細繊維で編まれた生地のアンダーウェアが台頭してきた。

不快感はなくなり、機能性も優れている。

こうして、「アンダーウェア革命は、これにて終了」という感じだったのだが、21世紀に入って、ふたたびウールが脚光を浴びだしたのだ。

メリノウールだ。

#### ウールだけどちくちくしないメリノウール

メリノ種の羊からとれる羊毛は、ほかの種のものより繊維が細いのが最大の特徴だ。

ソフトで肌触りがよく、ちくちくしないウールなのである。

その上、ウールの特性から……

・汗冷えしにくい
・吸湿性、発散性により蒸れにくい
・夏は涼しく、冬は暖かい
・汚れにくい
・汗くさくなりにくい

などなどなど、いいことだらけなのである。

そういえば、汗くささなどの匂いもそうだが、化学繊維のアンダーを真夏に長く着ていると汗疹になりやすい。

ウールは、こうした悩みからも僕を救ってくれた。

長い縦走旅やバックカントリーのテレマークスキー旅にも、選ぶ下着は、やっぱりウールである。

いまや（ふたたび、というべきか）、ウールのアンダーが手放せなくなってきた。

## → メリノウールのインナー

### アイベックス／
### W2スポーツT

ナイロンを13％融合することで、軽量でじょうぶなシャツとなった。夏の縦走はもちろん、最近ではすべての旅に選ぶ一枚である。

### アイベックス／
### アート・オブ・ウール

トラディショナルなカヤックとカヌーが描かれたTシャツ。街着としても、キャンプサイトでくつろぐときも。このイラストで気分が高まる。

### 自然素材ならではの温もり。羊とのスキンシップ

でも、ウールに対して僕がいちばん気に入っている点は、やはりそれが自然素材だ、ということかもしれない。

そこにあるだけで、温もりを感じる素材である。

肌に直接触れるウェアとして、この「温もり」という感覚は、機能としての数値には置きかえられないけど、大切な部分だと思うのだ。

化学繊維同士が触れての、「カサカサ」「シャリシャリ」といったカタカナ的な音がしないのも、天然素材ならではだ。

「羊とのスキンシップ」などというと、あまりにも比喩がすぎるけど、アンプラグドなウェアを身につけているのは気持ちがいい。

さらに、……。

### メリノウールの靴下は世界を救う

昔は、「靴下には穴があくもの」と決まっていた。だれもがお母さんにつぎあてててもらった靴下を履いて、学校へ通っていたのだ。

と思っていたが、最近の靴下には穴があかない。ありがたいことに。

さらには、なんと穴があいたら「お母さん」に頼まなくても、つぎあて（交換）をしてくれるメーカーがある、という。アメリカのダーンタフという靴下専門メーカーは、「破れた場合は交換」という驚愕の生涯保証つきだ。

「靴下にそんな保証をしてだいじょうぶなのか？」と、こちらが心配してしまう。が、タフな道具を作る人は、タフな精神をもっている。「おれたちは本気で作っているんだ」ということだ。

「靴下から元気をもらう」というのもなんか変だが、こうしたグッズは、たるんだ気持ちを引き締めてくれる。

素材は、防臭抗菌にすぐれた天然の超極細メリノウール。密度の高い独自のループ編みで、強度ばかりか、弾力性にも富んでいる。長時間、長期間のトレッキングには手放せない靴下なのだ。

そうそう、昔話をもうひとつ。

山男の足は臭いものと決まっていた。電車の中で靴を脱ごうものなら、その車両全員の鼻が曲がったものである。

しかし、抗菌防臭にすぐれたメリノウールの靴下は、山男たち（山女たちも）を救うのだ。

とはいえ、さすがに一週間におよぶ旅のあとでは、油断できないけどね。

### アイベックス／
### ウーリーズ・ロングスリーブ

メリノウールは、天然の抗菌作用によりバクテリアの繁殖をおさえ、匂いが出にくい。アンダーウェアとしてはうれしい素材だ。

### アイベックス／
### インディーフーディー

フードつきの薄手のシャツは、場所と季節を選ばない。メリノウールがもつ吸湿性、発散性でドライ感触。着心地がうれしい。

### アイベックス／
### ウーリーズ・ボクサーブリーフ

いうまでもなく、どんなときでも使える万能選手。ユーティリティにしてポリバレント。頼りになるアンダーウェアだ。

### ダーンタフ／
### ブーツソック・フルクッション

「破れた場合は交換」という驚愕の生涯保証つき。「靴下にそんな保証をしてだいじょうぶか？」と、こちらが心配してしまうほど。

衣

*Lesson 3*

# → [レインウェア] Come Rain or Come Shine（降っても、晴れても）

　テントの中で雨のしとしと音を聴いていると、まるで素敵な長椅子の上にいるような気分になってくる。何時間でも、ごろごろとまどろんでいられるのだ。

　静かな雨の音には、トランキライザーが含まれているのかもしれない。

　だから、朝起きてしとしと雨が降っていたら、もうぜったいにテントから出たくない。ずっと眠っていたいのだ。死んでるんじゃないか、って通りすがりの人が覗きにくるまで。

　そんな雨の日は、のんびりと停滞したい。

　雨の日に限らず、旅の種類によっては停滞ということが、けっこう多い。とくにシーカヤックの旅は、風が強く波が高いと停滞となる。残雪のテレマークスキー旅もだし、バックパッキング旅でも停滞は多々ある。

　僕は、隙さえあれば「人生をさぼりたい」と思っているからか、なぜか停滞の多い旅ばかりに興味をもってしまうようだ。

　たとえば、どこそこまで行くみたいな大目標があって、しかも時間が限られているとしたら、停滞はただのマイナスでしかない。でも、目的地へ着くことが旅の「絶対的」な目的でないなら、停滞は大いなる充実した時間となるわけだ。

　雨は、お百姓さんや魚や草木にとって重要なことのように、旅をする人間にとっても大事な時間なのかもしれない。

　ただし、ひとり旅の長い停滞に、精神世界で遊び過ぎたと思ったなら、いよいよ雨の中を出ていくときが来た、ということだ。

## 高価なものほどいい、という図式が確実に当てはまる

　そんなときに必要なのは、レインウェアである。

　ゴアテックスなど防水透湿素材の登場以来、雨具は画期的な進歩をとげた。革新的な素材プラス、機能的デザインが雨の日を快適に過ごすことを可能にしてくれたのだ。

　雨の日も遊びたいなら、レインウェア選びは、質実に、剛健に。

　レインウェアほど、その値段と見合うウェアはない。高いものほど、いいという図式が、確実に当てはま

る（輸入品は、関税コストなどがあるから話はややこしいが……）。

高山で雨に濡れると、低体温症に襲われることもある。命にかかわる事態を招くこともあるのだ。「春雨じゃ、濡れて行こう」ではすまない。

また、防寒のためのジャケット＆パンツにもなる。

レインウェアは、旅の最重要アイテムのひとつなのだ。

ただし、残念なことに寿命がある。いいものを買ったからといって、長く使えるものではない。残念ながら、化学素材は永久に使えるものがない。

とくに、ハードな状況で使われるのがレインウェアなので、その劣化は防ぎようがないかもしれない。

それでも、僕たちは出かけたいのだ。雨の日は、しっかりしたレインウェアに身を包み、黙々とうつむいたまま歩けばいい。どんよりと重い空の下を、延々と。

そしてあるとき、ふと空を見上げると、西の空のその向こうに希望が見える瞬間がある。

だれもの顔に笑みがもれるひとときがくる。

地球は僕たちを裏切らない！

雨の日は、うつむいて歩くしかない。「やまない雨はない」とつぶやきながら。

### アウトドアリサーチ／
### Ms ヘリウムⅡジャケット

軽量でコンパクトに収納できるレインジャケットはありがたい。デザインもシンプル。フードもじゅうぶんな大きさをもつ。雨具に関して、素材からしていまの時代は恵まれている。

### アウトドアリサーチ／
### Ms フォーレイパンツ

これは、両サイドがフルジッパー・タイプ。ジッパー部分が長いだけに、軽量さとコンパクト性に欠けるが、使いやすい。パンツはとくに傷みやすいので、消耗品と考え、いろんなタイプを試してみればいい。

## → 防寒着(ダウンウェア)

インナーとして使える薄手のダウンウェアは、レイヤード(重ね着)に重宝する。雨具の下によく着る2着を紹介しよう。

### ナンガ／ポータブルダウンジャケット

自然素材が好きだ。ウールやダウンに性能以上の暖かさを感じるのは僕だけだろうか。ウェアはもちろん、寝袋やブランケットまで。いつの間にやら増えてしまったダウン製品である。

### ナンガ／ポータブルダウンパンツ

薄手のダウンウェアは、ジャケット、パンツともに使用範囲が広い。夏の高山、秋から冬の山まで、レイヤードもしやすい。

**Lesson 4**

# [小物] 僕は帽子とマフラーが好き

　山歩きの必需品として、四季を問わず僕が欲しいのは、帽子とマフラーだ。

　帽子は、夏の凶悪な直射日光をさえぎり、寒いときには温かさも与えてくれる。怪我防止にも役立つ。そして、雨のときには雨具のフードの下にかぶることで、視界を広く保ってくれる。

### マフラーはタオルにも包帯にもなる

　マフラーは、冬の寒さの中でのありがたさはいうまでもない。

　それ以上に、夏の暑さの中、手ぬぐい（タオル）と考えると、利用範囲はほんとうに広い。汗ふきタオルにもなるし、頭をおおうことで帽子の役目もはたしてくれるのだ。捻挫をしたとき、固定用包帯として活躍したこともある。

　というわけで、山歩きだけでなく、カヌーでの川下りやシーカヤックでの島旅、町から町への自転車旅や森の散策などにも、必需品となるのだ。

　町中では、防寒着として首に巻いている。

　それに、帽子。帽子は好きじゃない、という人もいる。

　しかし、四季をとおして帽子は持ち歩くほうがいい。必要がないと判断したときには、かぶらなければいいだけのことだ。

　野外で遊びたいなら、「好きじゃない」と決めつけないほうがいい。自分に似合う好きな帽子を、なんとしてでも探しだすのがいいと思うよ。

### じょうぶでさえあれば好み重視でかまわない

　帽子とマフラーは、基本的には実用品だけど、実用性や機能性よりは好み重視で選ぶほうがおもしろいし、圧倒的に楽しい。

　山でも、好きな格好で過ごせばいいのだ。

　ただし、町中での使用とちょっとばかり違うのは、帽子にしろマフラーにしろ、「じょうぶさ」が条件となる。

　バックパックやズボンのポケットへ乱暴に押しこんだり、アブをたたき落としたり、川でごしごし洗ったり、ということが多々ある。

　ひどい扱いに耐えられる帽子とマフラーが、山ではうれしいのだ。

「衣」と「移」の道具とノウハウ

暑がりで蒸れがきらいだから、夏はもっぱら麦わら帽子だ。あまりに暑い日は、濡らしたバンダナを帽子の中に入れる。麦わらの難点は、耐久性がないこと。乱暴にあつかうと傷みが激しい。消耗品と考えてあきらめるしかない。

帽子は、保管が面倒くさい。型くずれしないように、と考えると、意外に場所を占領する。そこで、麻ひもに洗濯ばさみ（木製）をつけ、壁にぶらさげてみた。ほこりが積もるのが難点だが。

夏でも高地は冷える。そこで、キャンプサイトでは「今治まきたおる」を首に。昼間は汗ふきとして、下山後の温泉では手ぬぐいとして。万能の一枚。何色かを所持し、気分に合わせて持ち歩いている（「巻き歩いている」というべきか）。

水場や川で、「今治まきたおる」を洗う。夏は、頻繁に洗うことで、爽快な気分を保てる。とことん暑いときには、濡れたまま頭に巻いたり、首に巻いたり。

## Lesson 5
### [バックパック] 背負ってみてフィット感を確認する

　大きなバックパックにテントやストーブ、食料などなどを詰めて山へと続くトレイルをひとり歩くと、圧倒的な自由さが広がっていく。

　緊張感と解放感。

　このトレイルは、世の中の流行とは逆の方向へと続いている。そう信じることができるのだ。

　そんな気持ちに浸りたいから、人は自然の中を歩いていくのかもしれない（少なくとも僕はそうだ）。

　バックパッキングの旅へ出ると、人間ひとりが生きていくにはそんなに多くの荷物はいらないんだな、ということが実感できる。なんせ、いま背負っている荷物がこれから数日間の生活道具のすべてなんだから。

　その日の停泊地について、バックパックをおろす。座り込んで荷物を広げていく。装備をいくら散らかしても、それらすべては座ったまま手の届く距離にある。

　２メートル四方に、人間が生きていくための道具すべてがある。僕は、その小宇宙が好きなんだ。

　そうした歩きの旅へ出かけるなら、大それた装備はいらないけど、頑強なブーツと大きなバックパックは、妥協することなく選びたい。

　一生、旅を続けられるようなしっかりもののバックパックとブーツを手に入れたいのだ。

#### シャツのフィッティングより
#### バックパックのフィッティング

　ときには20キロを超える重量にもなるバックパックである。そして、それを背負って毎日歩くわけだ。

　歩いている間はずっと背負っているわけで、ようするに、いちばん「しんどい」時間をいっしょに過ごす道具なのである。

　だからこそ、慎重に選びたい。

　バックパックを選ぶとき、「サイズを合わせる」というのはすでに常識となった。

　サイズというのはパックの容量のことではなく、背面長やハーネスの長さなどが身体に合うかどうかのサイズだ。服と同じ、ということである。

　いや、服とちょっと違うか。

　もうずっと前のことだけど、「シャツのサイズがちょっとぐらい合ってなくても、それはたいした問題じゃないだろ」と、ウェイン・グ

レゴリーが言っていた。

　ウェアより、バックパックのフィットのほうが重要なんだ、ということだ。

　バックパックメーカー各社は、万人にフィットするよう、背面部分やハーネスの取りつけ方などいろんな工夫を凝らしている。選ぶときには、メーカーの工夫を理解して、身体に合わせ、実際に背負ってみてフィット感がどうか、を確認することだ。

　バックパックを選ぶのは、意外と時間と手間暇のかかる作業なのだ。そのことを忘れずに！

　そして、時間をかけて選んだ大きなバックパックを手に入れたなら、もう出かけるしかない。

　ちょっとばかりしんどい旅へ出かけてみればいい。

　旅の上で起こるかもしれない「やっかいごと」を予測して、慎重にかつ大胆に行動すればいいのだ。

　うまい具合に、自然界は人間の都合に合わせてはできていない。旅先には、予想をはるかに超える難渋の「やっかいごと」が待っている。

　大きなバックパックを買うということは、そうした「やっかいごと」を手にすることでもある。

　素敵なことだと思わないか？

大きなバックパックを選ぶときは、時間をかけよう。家を探すぐらいの慎重さが欲しい。
なんたって、家だけじゃなく旅の全財産を収納するものなのだから。

### a. クレッタルムーセン／ルスクヴァ45

アルミのU型フレームがついたフレームパックだ。アンシンメトリーなデザインのパックは、背負っているだけで世の中を斜めから眺めているようで気分がいい。パック本体の素材は、リサイクルナイロン。クレッタルムーセンの商品はサステナブル素材が多く使用されている。思想と機能とデザインが高いレベルで融合されている。

### b. ボレアス・ボリナス30

シンプルにして機能満載の小型パック。ロールトップ式の開口部はバックルひとつで開け閉めができ、荷物の出し入れが楽だ。金属フレームとメッシュによる可変サスペンションがパックと身体の間に隙間を作ってくれるので、背中に風が流れる。蒸れが(群れも)きらいな僕にはうれしい装備だ。ショルダーハーネスも通気性がいい。

「衣」と「移」の道具とノウハウ

Chapter 2

### e. ミステリーランチ／グレーシャー70

このでかく重たいバックパックを都内のショップで初めて背負ったとき、「あっ、これだ！」という直感があった。その勘はみごとに当たり、その後、長い縦走旅を助けてくれた。ただし、コーデュラナイロン地のじょうぶな生地を採用しているので、自重が3kg以上ある。いまでは、もっと軽いニューモデルが発売されている。

### c. グレゴリー／サヴァント58

大型から小さなパックまで、過去、グレゴリーにはお世話になってきた。フィット感の大事さを教えてくれたのもグレゴリーだ。東京ウラヤマ・ロングトレイルを歩いたのは、このパック。一週間の遊歩旅に58ℓの容量ではちょっと小さいか、という不安もあったが、ぜんぜんだいじょうぶ。レインカバーが内蔵されている。

### d. シライデザイン／帆布リュック

ざっくりとした4号帆布の風合いと、飽きのこない一本締めのデザイン。低山歩きは、もっぱらこれだ。牛革でのボトム補強や革とフェルトのショルダーハーネスなど、職人肌の「手仕事」感が随所に見られる。革部分には、年に一度ぐらいオイルを塗りこむ。こうした手入れがまた楽しい。持っているだけでうれしいリュックだ。

## Lesson 6

## [サブバッグ] シンプルなショルダータイプが使いやすい

　歩いている途中でも、頻繁に取り出したい小物がある。地図、コンパス、カメラ、ノートとペン、行動食、水などなどだ。

　さて、これらをどこへ収納するか。

　多くのバックパッカーの悩みの種だったが、この問題は、30年近く前に当時のバックパック製造会社Dana Design（デイナデザイン）が解消した。

　リブ（それとウェットリブ）と名づけられたランチボックスぐらいのサイズのバッグを作ったのだ。

　これは、バックパックのショルダーハーネスに取りつける小さなバッグだ。リブ（RIB）という名は、バッグが「あばら骨」あたりに位置するからつけられたのだろうか。

　いたってシンプルな作りで、よけいな小物用ポケットなどはない。押しつけがましさがないのだ。

### フロントバッグをショルダーバッグに改造

　本来はショルダーベルトに装着するんだけど、僕は装着のためのバックルを外し30ミリ幅のベルトを取りつけ、ショルダータイプにした。単独で肩掛けバッグとして使えるようにしたのだ。

　バックパックに装着されていないほうがなにかと便利だからだ。電車の中でもバックパックだけを網棚にのせることができるし、停泊地を決めてからの周辺散歩にも、ショルダーバッグとして持ち歩けるし。

　いまでは、サコッシュと呼ばれるシンプルなショルダーバッグが同じ役目でバックパッカーたちの間で人気だ。

　僕もコットンのサコッシュを使うことがある。コットン地は汗をかくと、その汗が染みこんで中のものが濡れてしまう。汗かきの僕には、ちょっとつらい選択だけど、コットンのサコッシュが好きだから、こればかりはしょうがない。

コットンのシンプルな肩掛けバッグである。

### ミステリーランチ／
### ウェットリブ

ショルダーベルトをつけ肩掛けバッグに改造したウェットリブ。単独で持ち歩けるようにしたので、用途は何倍にも広がった。機内持ち込みの貴重品入れにも、そして散歩にも使っている。

「衣」と「移」の道具とノウハウ

## → サブバッグに入れているもの

バックパックをおろさずすぐに使いたいものが入っている。ノートに万年筆、カメラ、地図とコンパス、行動食に水筒など。あるときある山で、テント脇に置いていたら、中に入っている行動食を狙ってウェットリブの生地をかじったいたずら者のリスと出会ったことも。

**Lesson 7**

# [靴] 浮かれやすい男には ハイカットのブーツがいい

　1980年代のはじめだったかな。アメリカのアウトドア雑誌をぱらぱらと眺めていたら、「このトレイルはラグソールに踏みつぶされ、すり減り、溝になってしまいました」という記事を見つけた。

　「そんなにハードじゃないバックパッキング旅なら、重たい登山靴（ブーツ）じゃなく軽いトレッキングシューズを履いていこうよ」という意味のことが書いてあったのだ。

　ロー・インパクトが、アメリカやヨーロッパで大いに語られていたころのことだ。それは、ウルトラライトへの流れでもあったのだけど、当時はそんなことに気がつくわけもなく、ただただロー・インパクトへの考え方に共感したのだった。

　で、流されやすい僕は、すぐにアウトドアショップへ走り、ローカットのトレッキングシューズを買ってきた。「ヒマラヤへ行かないなら、これからはこれだな」と、それを履いて日本のウラヤマへ出かけ、悦に入っていたのだ。「おれも、ロー・インパクトを実践する立派な男になったな」などとつぶやきながら。

### ローカットはハイカットに比べ足首を捻挫しやすい

　そもそも、足への加重は、背中の荷の重さに換算すると5倍分に相当する、といわれている。より遠くまで歩くためにも、靴は軽いにこしたことはないのだ。

　そういえば、そのとき買ったシューズはナイキのものだった。

　いまやファッションブランドのようなナイキだが、もともとはスポーツシューズのメーカーで、当時、トレッキング用のライトなシューズをいち早く作りだしたのだ。思想と機能が翕然（きゅうぜん）とした逸品だった。

　いずれにせよ、新しい靴とロー・インパクトを手に入れた（と思いこんでいる）僕は、浮かれて山でもスキップをしてしまうのである。

　で、ついつい足首をひねってしまう。ローカットの靴は、ハイカットに比べ、圧倒的に捻挫しやすい。荷物が重たいとなおさらだ。

　そうした紆余曲折（？）があり、数年後にはまた、履き慣れたハイカットのブーツに戻ってしまった。「このトレイルはラグソールに

……」てな言葉は、引き出しの奥深くにしまい込んで……。

当時からずっと履いてるオールレザーのブーツは、昔なじみの屋台の親父みたいで、皺だらけのまんじゅうのような顔で笑いかけてくる。無視できるわけがない。ますます手放せ（足放せ？）なくなってくるのだ。

そういえば、アメリカのバックパッカーから聞いたけど、「賢いハイカーはけっして跳ばない」という格言があるらしい。

が、いくつになっても賢者の智恵に学ぶことを知らない僕は、大きな景色に出会ったりすると思わず跳びはねてしまうし、「山から下りたら、すぐさまビールと餃子だ」と下山寸前には小走りとなる。

で、またまた足首が「ぐきっ！」となるのだ。

やっぱりぼくには、ハイカットのブーツがいいのかもしれない。

ブーツは、どんどん増えていく。しかし、長く使うものは限られてくる。山では、ソールがはがれたブーツに応急処置をして歩いている人をときどき見かける。経年劣化や加水分解によって、底がはがれてしまうのだ。ということもあり、結局のところ、ソールの張替えができるトラディッショナルなタイプに落ち着く。a.ダナー／ダナーライト、b.オボズ／ベアトゥースBDRY、c.オボズ／ティーウィノット、d.ゴロー／チロリアンシューズ深型、e.ダナー／マウンテンライト

Lesson 8

# [インソール] ひざ痛を防いでくれる「靴の中の力持ち」

ひざに悩みを抱えている人は多い。

20年ほど前、僕もまたひざ痛に悩まされていたことがある。激しいスポーツはもちろんのこと、山歩きでも、とくに下りが続くと、右ひざが悲鳴を上げてしまうのだった。

サポーターを巻いたり、キネシオテープを貼ったり、サポートタイツを履いたりで、ごまかしてきた。

もちろん、ストレッチやひざまわりの筋肉をつけることもやってみた。

が、「このひざの痛みとは、ごまかしながらつきあっていくしかないのかな」と半分はあきらめていた。

そんなとき、友人から「スーパーフィート」というインソール（中敷き）をすすめられた。

当時、すでにインソールにはこだわっていた。自分の足にあわせて作ったあるメーカーのインソールを使っていたのだ。

自分の足に合ったインソールを使うと、脚の疲れも軽減される。それに、靴擦れが圧倒的に少なくなる。

そんなことから、僕は自分の足型にあわせたインソールを使っていたのだ。

しかし、「スーパーフィートのインソールは、もう一味違う」というのだ。

足回りの安定はもちろんのこと、足骨格の不要なねじれを補正し、ひざなども安定させる、というのだ。

## 「スーパーフィート」をひと月ほど履き続けると

だまされやすい僕は、さっそくスーパーフィートを使ってみた。

このインソールを入れた当初は、違和感がいっぱいだった。靴の中になにやら大きな異物が入っているようだ。それが骨格のねじれ補正だったのかもしれない。

ひと月ほど履き続けると違和感がなくなり、そしてひざの不安が消えていた（まったくなくなったわけではないが、ほとんど消滅した）。

もっともこれは僕の体験談であって万人に通用する話ではないかもしれない。スーパーフィートを使ったからといって、すべての人の足の不安が解消するわけではないだろう。

ただ、ひとつだけはっきりいえるのは、靴を慎重に選ぶのと同様に、インソールもまた真摯に選ぶべきだ、

ということだ。
　インソールは、目に見えないところでがんばってくれている。

「衣」と「移」の道具とノウハウ

Chapter 2

ほとんどの靴に入れているのがスーパーフィートのインソール。ヒールカップ、それに土踏まずの感触が気分いい。ひざ痛も忘れてしまう。

これは、カスタムメイド・タイプ。テレマークブーツに入れている。バイオメカニクスうんぬん、というより履いていて気持ちがいい。

オボズの標準装備のインソールは、優れもの。インソールを買う必要がない。こうした意識をもつメーカーがもっと出現して欲しい。

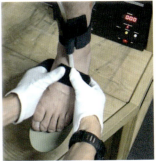

### カスタマイズは、専門店へ
スーパーフィートのカスタマイズは、専門店でしか扱っていない。しっかりとした知識と技術をもった人が、ひとりひとりの足に合わせて作ってくれる。

# Lesson 9

## [サンダル] 世界を斜めから眺めているような感じが好きだ

　地球上でいちばん好きな「もの」はなにか、と考えたら、僕の場合はサンダルかもしれない。

　サンダルの快適さ、気軽さ、自由さ、便利さなどなどを思い浮かべると、「これに並ぶものはない」と自信をもって言いきれる。それに、世界をちょっと斜めから眺めているような、世の中を茶化している感じが好きだ。

　さらには、「これを履いて戦争はできないな」という平和さを併せもっている。

　僕としては、年中履いていたい履き物なのだ。

　思いおこしてみると、子どものころから夏になってビーチサンダル（当時はゴム草履と呼んでいた）を履くのが、楽しみのひとつだった。履きはじめは、必ずや指の間に鼻緒ずれができ、痛い思いをしたものだった。その小さな傷が、夏へのスイッチだったのだ。

　アウトドアグッズとしてサンダルが認知されるようになったのは、ストラッピングシステムが採用されるようになってからだ。サンダルの気軽さを失うことなく、簡単には脱げないサンダルが登場してきた。

　1980年代半ば、テバが最初だったんじゃないかな。

　しかし、当時はサンダルとは思えぬ価格にびっくりした。

　そして、サンダルとは思えぬユーティリティの高さと耐久性にも驚いた。また、ソックスを履いたままでもサンダルが履けるので、利用季節が広がった。

　そう。ストラッピングシステムが、サンダルの概念をかえたのだった。

### レイドバックな履き物、ビーチサンダル

　でも、ぼくがいちばん好きなのは、やっぱりふつうの、いわゆるビーチサンダルである。

　これこそが、レイドバックな履き物ナンバーワンである。これほどくつろいだ道具を僕はほかに知らない。

　街ではもちろん、山への行き帰り、休憩時、キャンプサイトで。なので、バックパックの横のポケットには、いつもサンダルを押しこんでいく。

　僕にとって、サンダルはいつの間にか夏のアイテムじゃなくなった。

ただし、夏以外の季節に履いていると、まだまだ世間からは変な目で見られることも多い。

また、満員電車にビーチサンダルで乗りこむと、スーツ姿のサラリーマンたちは、「なんだこの男は？」てな顔をしている（それに、革靴で踏まれると声を上げてしまうほど痛い）。

そういう意味でも、サンダルは自由な暮らしのアイコンでもある。

というわけで、無人島へ持っていくものをひとつだけ選べといわれたら、僕は、やっぱりサンダルだな。

ストラッピングシステムの先駆者テバのベーシックモデル（c）と、リバーガイドモデル（b）。年中サンダルを履いて過ごせるライフスタイルを提案してくれた。（a）は、限りなく靴に近いキーンのニューポート。

日本メーカーのブルーダイヤとげんべい。それにメイド・イン・ブラジルのもの。さらには、メイド・バイ・マイセルフのワラーチ（左下）。この10数年は、毎年3〜4足を履きつぶし、その分を買い替えるという感じかな。

**Lesson 10**

# [ヘッドライト] 山での夜遊びに欠かせない道具

　ヘッドライトにLEDが搭載されるようになったいま、荒野でのナイトライフはいいことずくめだ。

　LEDは、軽く、明るく、電池は長持ち、球が切れる心配もない。明るさ調整機能もほとんどのヘッドライトに、標準装備されている。

　LEDが主流になったことで、ルーメンなる新しい言葉が出てきた。

　これは、明るさの単位だ。

　明るさの単位は、「ルーメン」と「カンデラ」と「ルクス」。

　ルーメンとは、光束。光源（ライト）から全方向360度に放射される光全体の量を表す照明用語である。

　カンデラは、光度。光源から特定の方向に照射される光の強さを表す単位で、照らす方向によって数値は大きく変化する。

　そしてわれわれ世代にはなじみのルクスは、照度。光源から照射された光に照らされたある面の明るさを表す。

　と、書いたところでよくわからない。書いている僕でさえよく理解していないのだから。

　でも、だいじょうぶ。ヘッドライトを選ぶとき、専門的な使い方をしない限りは、明るさを気にすることはない。いま販売されているLEDライトのほとんどは、必要十分な明るさをもっている。

　ただし、原産国も表示してないようなヘッドライトは買わないほうがいい。これはヘッドライトに限らずだけど、少なくとも作った人の顔が見える（実際には見えないけど、見えそうな気がする）道具を使いたいもんだ。

### ライトを消した瞬間の森の暗闇も楽しい

　ヘッドライトは、夜のキャンプサイトで使うことがほとんどだろう。

　が、ときには予想外のできごとから、暗くなってからも山道を歩き続ける、という場合もある。このときこそ、ヘッドライトの真価が問われる。ヘッドライトがないと、とてもじゃないが、夜の山道は歩けない。日帰り旅でも、ヘッドライトは必需品なのだ。

　夜遊びが好きな僕は、夜に山を歩くことが多い。

　ムササビウォッチングなどはもち

ろんだが、勝手知ったる山を歩くときは、わざと時間を遅らせて、途中から暗くなる時間計画で歩くときもある。

そんなときは、ヘッドライトは必需品だ。

でも、僕がいちばん好きなのは、その途中、ライトを消したときの森の幻想的暗闇なのである。森の静けさの中に、まるで小動物に化けた魔法使いが僕のまわりを歩き回っているざわめきを感じるときがある。

「消す瞬間」を、楽しむためにヘッドライトを持っていく旅もある。

「衣」と「移」の道具とノウハウ

Chapter 2

### マイルストーンのヘッドライト

遊びのスタイルに応じて、3種を使い分けている。すべて誤作動防止のロック機能つき。パックの中で知らぬ間にライトが点灯する、という悲劇がなくなった。左と下の写真は、充電タイプ。

### ビクセン／天体観測用ライトSG-L01

夜を楽しもうと思っている僕に、明るさなんて必要ない。このライトは「世界一暗い」が売りである。いまでは、もっぱらこのライトを首に下げてキャンプ地の夜を過ごしている。

寝袋へ潜りこみヘッドライトの灯りで静かに本を読むという時代は終わり、いまやキンドルである。ヘッドライトの電池消耗は極端に減った。消し忘れて寝るという心配もないし。

Lesson 11

## → [ウォーキング・スタッフ] 気軽な山歩きにはシングルが似合う

"ほとんどのウォーカーはウォーキング・スタッフ（杖）の使用など考えてもいないようだが、わたしは背負うべき「家」の土台に杖を加えるのを、いささかもためらわない。バックパックを背負うときは、自動的にウォーキング・スタッフを手にするのだ"

僕のバイブルである『遊歩大全』に、コリン・フレッチャーはこんなふうに書いている。

こうした文章を20代後半に読んでしまった僕は、それからというもの、どこへ行くにもウォーキング・スタッフがいっしょだった。『遊歩大全』に書いてあったように、竹で自作してはぼろぼろになり、という繰りかえしだった。

あるいは、トレイルヘッドで適当な木を探し、それを一日中持ち歩いたこともある。

山歩きでウォーキング・スタッフがないと、僕にとっては「温泉だと思って裸で入ったら、温水プールだった」というぐらいの居心地の悪さがある。

もっとも、世間ではいまやシングルの杖より、ダブル・ポール（トレッキング・ポール）が主流だ。コリン・フレッチャーもびっくりするだろうほど多くの人が、ダブル・ポールを持ち歩いている。

ダブル・ポールは、山歩きの必需品的存在となった感がある。

### 腕が疲れたと感じたら短く持ってみる

使い方に関しては、多くを語る必要はないだろう。

ダブルにしろシングルにしろ、楽しげに、リズムよく歩けばそれでいい。

登りは短めに、下りはちょっと長く。でも、セオリーなんかは、無視すればいい。

ただ、新しいアイテムを持つとついつい頼りたくなるので、はじめは両腕が疲れるかも。

そんなときは、「短すぎかな？」と思うほどポールを短く持ってみればいい。案外、それがちょうどよかったりするから。

もし、「ダブル・ポールとシングル・ポール。どっちが便利か？」と聞かれたなら、すかさず「ダブル」

と僕は答えるだろう。

　ダブル・ポールはすべてが理にかなっている。ほ乳類が歩く本来の姿である四つ足で移動できるから。

　僕もまた、荷物が重い長い縦走旅ではダブル・ポールを使う。機能最優先を選ぶわけだ。

### シングル・ポールに寄りかかって世の中を斜めから眺めていたい

　しかし、日帰りや2〜3日の山歩きはシングル・ポール、いわゆるウォーキング・スタッフで出かけている。

　ダブル・ポールが機能的すぎることに、反抗しているからだ。

　ダブル・ポールは、いってみれば、学級委員とか生徒会長みたいな感じかな。いいやつなんだけど、おもしろみがない。

　僕はといえばいまだ、学校や仕事をさぼることに、注意する側より注意される側にいたいと思っている人間だ。

　そうしたスタンスやスタイルには、圧倒的にシングルのウォーキング・スタッフが似合う。

　そういえば、茨木のり子さんが、「倚りかからず」という美しい詩を書いている。

　でも、僕はシングルのウォーキング・スタッフに寄りかかって、世の中を斜めから眺めていたいのである。

機能追求ならダブル・ポール。気分優先ならシングルのウォーキング・スタッフがいい。長い縦走旅以外は、ほとんどウォーキング・スタッフに寄りかかっているわたくしである。

## 愛用のウォーキング・スタッフ

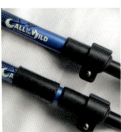

### a. ダクトテープ
ファーストエイドのため、ポールのアルミシャフトにダクトテープを巻きつけている。天然素材の杖には似合わないけど。

### b. 布袋竹に刻印入り
布袋竹(ホテイチク)の杖だ。お遍路さんが使っているのを見て欲しくなった。太くて重いけど、雰囲気は最高。

### c. ネジの石突き
先をネジで補強することで長く使えるようにした。すり減っていくのも味だけど、竹は減りが早いし、割れることも多々。

### e. 浜紫檀のグリップ
南の島の海岸で拾った浜紫檀をウォーキング・スタッフのグリップに。20年を過ぎ、いまでは黒光りして生き物のようだ。

### d. 机の脚用キャップを転用
補強金属をむき出しで歩くのは気が引ける場所もある。そこで、ホームセンターで買った机の脚カバーをつけた。

遊歩

*Colin Fletcher : The New Complete Walker*
コリン・フレッチャー著　芦沢一洋訳

大全

「僕だけか？」と思っていたけど、そうではない。『遊歩大全』を読んだ人は、だれもがこの気分にあこがれた。このスタイルで休みたいから、みんなウォーキング・スタッフを持ち歩いたのだ。『遊歩大全』(コリン・フレッチャー著、芦沢一洋訳、ヤマケイ文庫)に描かれたバックパッカーのよだれを誘うイラスト。

Lesson 12

## [地図] 地形図は山歩きの楽しみを倍増させてくれる

　それは2007年の夏のこと。新潟県頸城山塊の山のなか、背丈以上に高いクマザサに囲まれて、僕は途方に暮れていた。この先、どっちへ進めばいいのだろうか？

　新潟焼山（2400.3メートル）は、新潟県の西部に位置する。活火山の山で、1974年の噴火で登山者3人が死亡、1987年にはさらに活発化した火山活動により入山が禁止となった。1997年11月にも、微噴火があり火山灰が吹き出た、という。

　その後、2006年12月。19年ぶりに入山が解禁となった。火山活動がおとなしくなった、との判断からだ。

　その間、調査やゲリラ的登山で、わずかながらも人は入っていたようだが、それもほんのわずかである。ようするに、焼山へは、約20年間はほとんど人が入っていなかった、ということだ。

　解禁となった最初の夏、僕は、火打山から焼山、金山、雨飾山という頸城山塊の高嶺を縦走しようとやってきたのだった。

　初日は、火打山へのメインルートである笹ヶ峰登山口から、高谷池ヒュッテまで。2泊3日の食料とテントなどなど、でっかい荷物を担いでの登りはつらいが、道に迷う心配がない整備された登山道を歩いていける。

### 日本の山で迷うとしたら林道などの作業道

　大胆にいってしまえば、無雪期のたいていの日本の山では、地図を持ち歩く必要がない。それほどまでに登山道がはっきりしているし、道標は親切だ。森林限界を超えないかぎり、緑豊富なこの国の切り開かれた登山道を見失うことも少ない。

　迷うとすれば、それは林業などの作業のために作られた道へと彷徨い込んでしまうことぐらいか。じつは、これはよくある。地図には出ていない登山道らしきものがあり、そのルートが目的地に向かってなんとなく楽な感じでつづいていたら、ついついそっちへ行ってしまうのだ。

　きっと新しい登山道ができたんだろう、などと思って。ところがどっこい、林業の作業場へ出て道はおしまい。楽ができると思った夢は、は

かなく消える。

ここで、あきらめてもときた道を戻れば問題ない。ちょっとばかり回り道をしてしまったな、ですむ。が、この斜面を登っていけばなんとかもとの登山道へ行けるんじゃないかなどと考え、道なき森をかきわけていくと、とんでもないことになるのだ。

こんなときにこそ、地図が必要となる。

さて、話は戻って、焼山縦走旅。

焼山縦走が探検隊の体をなしてくるのは、2日目からである。

2日目の早朝は、まず火打山（2461.8メートル）へと登る。このピークは、いつきても気持ちがいい。がんばったご褒美という言葉がぴったりくる景色を見せてくれるのだ。

そしていよいよ、焼山へとつづく前人未踏の地へと入っていくのだ（というのは大げさか）。すぐ近くの影火打までは踏みあとがしっかりあり、とくに問題はなかった。が、影火打をすぎるととたんに藪漕ぎである。踏みあとははっきりしているが、草や灌木におおわれている。草や笹をかきわけかきわけ、どんどん進んでいくことになる。

いってみれば飲み屋ののれんをくぐる感じでもあるが、そのときほどの高揚感はない。が、ここからは地図とコンパスが勝負だな、という日常からはなれた感覚はうれしい。とすれば、じゅうぶんに心の昂ぶりを感じることができるので、やっぱり飲み屋ののれんを押しわけいるような感じがしないでもない。

そんな藪歩きは、3日目になるともっとひどくなってくる。わかってはいたことだけど、ここまでとは思わなかった。

腰あたりまでの笹藪だったのが、やがては胸の高さに。あげくは、頭の上までの笹が生い茂るなかを歩くことになってきたのだ。こうなると格闘技である。高揚などといってられない。

しかも、もっと困ったのは現在地がはっきりしないことだ。昼前には金山山頂（2245メートル）に着けると思っていたが、どうやら、それは夢のまた夢だろう。

さいわいなことに、正確な現在地

昔は大手書店かアウトドアショップへ買いに走った地形図。いまでは、インターネットからプリントアウトできる。

はわからないが、だいたいの位置はわかる。山の稜線など、地形がはっきりしているからだ。それに、天気がいいので、笹藪のすき間から遠くの山が見えることもあり、地図と照らし合わせることができた。

ここが稜線のはっきりしない山だったら、どっちへ進んでいいのかもわからなかっただろう。

残雪時の八幡平縦走テレマーク旅では、広い稜線の上で完全に現在地を見失ったことがある。天気がよかったことで、事なきを得たが、あの地形でガスに巻かれたり、それこそ笹藪で前後が見えなかったら、地図を読み取るだけでは進む方向も決

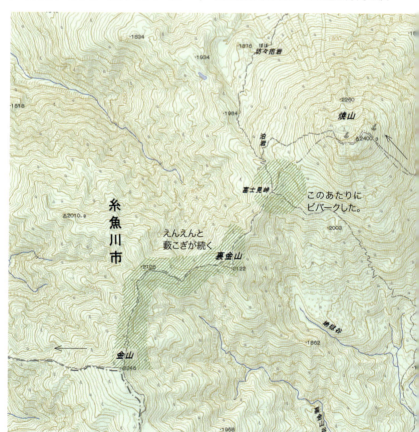

国土地理院発行の2万5000分の1地形図「湯川内」「妙高山」の部分。

められなかっただろう。

　いずれにせよ、2万5000分の1の地形図のありがたさがわかる瞬間である。

### 2万5000分の1地形図には推理する楽しみが満ちている

　これは好みの問題かもしれないけど、僕は参考タイムなどが書いてある、いわゆる山地図をあまり使わない。2万5000分の1の地形図、一辺倒である。地形図には情報が少ない分、推理する楽しみが満ちているからだ。

　数年前、雪山でのホワイトアウトで泣きだしそうになりながらも、必死になって地図に書いてあることを

地図好きはだれもが、「地形図は、推理小説よりおもしろい」という。
「絵にも描けない美しさ」ではなく、「文字には書けない奥深さ」が地形図にはあるのだろう。

読み取ろうとした。そんな経験が、いまとなってはどんな推理小説よりもおもしろかったからかもしれない。

　それともうひとつ。地形図を見ながら道なき道を歩くことで、忘れかけていた感覚が鋭くなっていくような気がするのだ。

　焼山縦走のときには、裏金山山頂（2122メートル）をすぎると、登山道はますますひどくなってきた。すでに道ではない。踏みあとすらもないのだ。

　しかし、そんなときこそ、地形図と実際の地形と樹々の植生を本気で見るようになる。

　この山が人跡未踏で登っているとすれば、この地形と植生のなか、どのルートを歩くだろうか、ということを考えはじめるのだ。それは、昔日の旅人が歩いただろうルートを探る行為でもある。

　そんな思いにふけりながら、勘を頼りに歩きつづける。すると、苔むした古い古い道標に出くわした。わが感性はまだ錆びついていなかったのだ。この喜びこそが、地形図と迷子の賜物なのである。

　とはいっても、ここが最終目的地ではない。僕は、自分の地図読みを信じて、何百年もつづくだろうと思われる藪こぎをつづけるのだった。

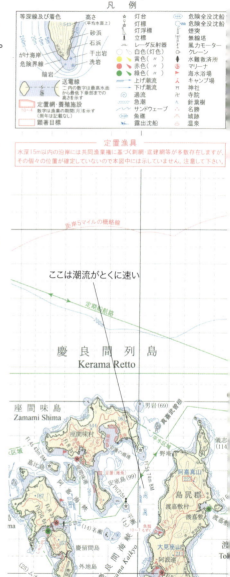

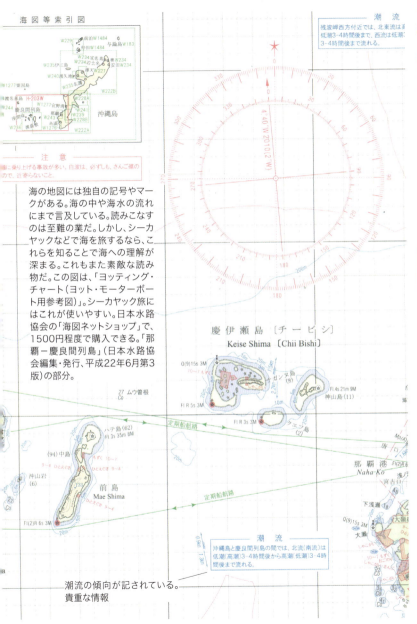

海の地図には独自の記号やマークがある。海の中や海水の流れにまで言及している。読みこなすのは至難の業だ。しかし、シーカヤックなどで海を旅するなら、これらを知ることで海への理解が深まる。これもまた素敵な読み物だ。この図は、「ヨッティング・チャート(ヨット・モーターボート用参考図)」。シーカヤック旅にはこれが使いやすい。日本水路協会の「海図ネットショップ」で、1500円程度で購入できる。「那覇－慶良間列島」(日本水路協会編集・発行、平成22年6月第3版)の部分。

潮流の傾向が記されている。貴重な情報

# [天気] iPhoneと観天望気、どっちが楽しいか

## Lesson 13

都会で暮らしているときの僕は、その日の風向きを気にすることはない。雲を見上げることもない。天気を気にしていない、ということだ。

朝から大量の洗濯をした主婦や主夫のほうが、天気予報に関しては圧倒的にくわしいはずだ。

ところが、外遊びへ出かけるときには、天気がいちばん気になることのひとつとなる。

長い旅で、それがちょっとばかりしんどいひとり旅となると、一週間ほど前から天気の動向をうかがう日々となる。この先、気圧配置がどんな感じでかわっていくか、を知っておきたいがために。

いまの時代であれば、旅の上での天気予報を知るためには、スマートフォンが現実的だ。

最近は、圏外の地域も少なくなった。山でも、尾根やピークなどどこかしらつながりやすいところがある。スマートフォンが、天気を知るための最強ツールであることは間違いない。

iPhoneを手に、「明日も天気はだいじょうぶだ」と確信する旅の途上なのである。

でもな……、と僕は思うのだ。

iPhoneで天気予報を知るか、空を見上げ天気を予測するか。

機能を最優先するならiPhoneで天気予報を知るのがいいだろう。

でも、どっちがいいとか、どっちが正確かとかじゃなく、どっちが楽しいか、ということだ。

そこで登場するのが、いまや死語となってしまった感のある「観天望気」だ。

有名なところでは、「夕焼けが出たら、明日は晴れる」とか「ネコが顔を洗うと雨」あたりか。

ようするに、いま目に見える森羅万象から天気を予測するのだ。

星がまたたくと天気は下り坂。夜間の冷え込みは好天で、気温の急上昇は下り坂。朝の積雲は雷に注意。

などなど、書き出すときりがない。

これらは、昔日の人々の知恵である。

### 船乗りや山小屋主人にずいぶん世話になった

とくに、雲と風向きで知る観天望気は、気象学的に考えても信用性が

高い。

　雲は、その発生や動きや変化から、いろんなことを教えてくれる。雲の種類を知り、その特性を覚え、量の変化、流れる方向、違う雲の種類への推移を知ることで、わかることが多くある。

　南の島の船乗りたちは、いまの時代でも空を見上げ雲の様子を見ながら天気の話をしている。

　山小屋の主人も、「あの山に雲がかかると、3時間後ぐらいに天気がくずれてくるぞ」てなことをいう。

　シーカヤック旅では船乗りたちに、そして山旅では山のベテランに、天気のことではずいぶんと世話になってきた。

　そしてその地域地域の観天望気を知ることで、僕の旅は充実していったのだ。

　いつか僕も、空を見上げながら天気の話をしたいと思っている。そうした会話ができることに、圧倒的あこがれを抱いているのだ。

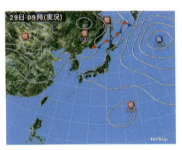

太平洋高気圧が張り出している夏の典型的気圧配置。典型を覚えることから天気を知っていくとわかりやすい。2016年7月29日9時。画像はどちらも日本気象協会tenki.jp。

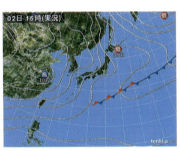

こちらは冬の典型「西高東低」。2016年2月2日15時。これらに、梅雨や台風、日本海低気圧、二つ玉低気圧などを知っていくと、天気図を見るのが楽しくなってくる（はず）。

## → 天気の崩れるサイン

上り雲（北に向かう雲）は雨

山に笠雲がかかると雨や風

太陽に暈がかかると雨

**コラム1**

# オートキャンプばかりでは、精神がメタボリックになってしまう

　1970年代からはじまった日本人のアウトドアへの関心は、80年代に入ってさらに勢いを増す。キャンプが一般人の娯楽のひとつとして定着しはじめたのだ。その大きな要因のひとつが「オートキャンプ」という言葉の出現だ。それまでも、車のそばでキャンプをするというスタイルは、あたりまえのようにあった。が、オートキャンプという言葉とともに、車のすぐ横におしゃれなキャンプをしている写真が雑誌などに掲載されはじめたのだった。

　快適な椅子とギンガムチェックのクロスがかけられたテーブル、明るいランタン、ツーバーナーで作る凝った食事。だれもがあこがれるようなキャンプシーンが、そこにはあったのだ。重い荷物を背負って歩き、質素な食事をして、不便な山の中で不安なひと晩を過ごすという山岳キャンプのイメージを一新したのだった。こうしたスタイルに、だれもが自然の中へ出かけたい、と思いはじめたのだ。街中でも、いかつい四輪駆動車を見かけるようになった。RV（リクリエーショナル・ヴィークル）という言葉が市民権を得たのもこのころだ。キャンプ道具に物欲心をくすぐられた人たちも多い。

　90年代に入ってもブームは冷めやらず、日本各地にキャンプ場がオープンしだした。野外へ出かける人は大幅に増えたが、多くの人々は自然のなかで過ごす楽しみよりも、キャンプに便利さだけを求めだしたのだ。

　ベトナム戦争への反発や人間らしさの復活、自然との共存という思いから60年代にアメリカでバックパッキング・ムーブメントが起こった。そして、70年代には日本へも伝わってきたその思想だが、90年代に入ると大きく様変わりしてしまった。野外料理にこだわるためだけのキャンプがあってもいい。しかし、いつもいつもそんなキャンプでは、精神がメタボリックになってしまうんじゃないか。キャンプが目的のキャンプとは、いったいなんなんだ。車が横づけできるフィールドにほんとうの自然はない。そんな場所で過ごしたくないから、僕たちは旅へ出るのだ。

# Chapter 3
## 「住」の道具とノウハウ

住

Lesson 1

# → ［タープ］ 人生を素敵に踏みはずさないか？

　25年ほど前のある日。

　焚き火のすぐ横に小さなタープを張り、その下にごろりと寝ころび、そのまま眠りにつく、という旅の夜を過ごしたいと思った。

　で、僕はオリジナル・タープを作ったのだ。

　形状は五角形。

　ちょうど近隣の山でムササビ観察に明けくれていたころだったので、そんな形を思いついたのかもしれない。

　名前も、「ムササビウイング」とした。

　旅の途上、ここでこのまま夕方を過ごし、濃紺にかわっていく空を眺めていたい、という思いを抱くことがある。

　そして、朝起きたときにもこの風景を前にしていたい、と。

　まれにそんな景色と出会うことがあるのだ。

　それは、匂いや音、眺めや色彩、風や空気、木々の揺れ、山の重なりが、ぼくの心の平らなところに語りかけてくるからだろう。

　そんな旅のためのタープだ。

## 薄くて軽いポリエステルも、焚き火に強いコットンも

　そのムササビウイングが、2012年に復刻された。

「WILD-1」のガレージブランドである「tent-Mark（テンマク）」と、ぼく「TULSA TIME（タルサタイム）」とのコラボレーションで。

　復刻版ムササビウイングは、4種類ある。

　山旅バージョンは、ナイロンリップストップ40デニール（シリコン加工）のオリジナルに近いタイプ（生産中止）。

　それに、火の粉による穴があきにくいT/C（テトロン/コットン）を素材に使った焚き火バージョン。こちらは、タープのすぐそばで小さな焚き火を楽しみたい、という思いから生まれたものだ。

　そして2013年には、ウルトラライトバージョンのポリエステル素材"Travelin' light"が加わった。重量は、430グラム。バックパックの片隅にこれを押しこんで、気軽に出かけてほしい。

　さらには2015年に、オールコッ

トンバージョンが。重たく、収納サイズも大きいけど、自然素材の温もりが好きな僕としては、こうしたタープが欲しかったのだ。

いずれにせよ、どのムササビウイングも、「大好きな女の子とこのタープの下にもぐり込み、ペンドルトンのヴァージンウール・ブランケットにふたりでくるまり、夜露に濡れゆく森を静かに眺める。すぐそばには、焚き火の小さな炎が揺らめいている」というのが、僕が考えた正しい使い方である。

### ムササビウイング13ft. ／Traveling light

20Dポリエステルリップストップで、本体420gの軽さを実現。収納サイズを缶ビールと同じにしたかったが、こちらのほうがちょっと大きい。パックの隅っこに押し込んで旅へ出たい。

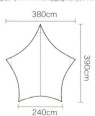

380cm
390cm
240cm

### ムササビウイング13ft.／TC焚き火version

火の粉が飛んでも穴があきにくいタープが欲しかったので、撥水処理を施したポリエステルとコットンの混紡を素材とした。タープの下で風に吹かれながら、焚き火のすぐ横で眠りたいのだ。

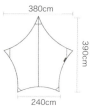

380cm / 390cm / 240cm

380cm / 390cm / 240cm

### ムササビウイング13ft.／cotton焚き火version

より火の粉に強く、さらに素材のざっくり感が欲しい、と100%コットンで作った。さすがに収納サイズが大きくなったので、収納袋はトートバッグ。トートバッグはふだん使いにも便利だ。

## → タープの張り方

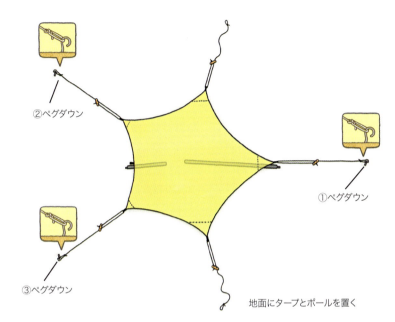

②ペグダウン
①ペグダウン
③ペグダウン

地面にタープとポールを置く

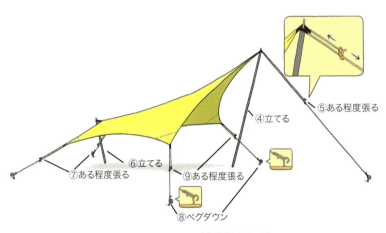

④立てる
⑤ある程度張る
⑥立てる
⑦ある程度張る
⑨ある程度張る
⑧ペグダウン

最後に各ガイライン（⑤⑦⑨）を強く張る

住

Lesson 2

# [テント] ひとり用に求めるのは中で座れる高さ

　タープで夜を過ごすのは大好きだが、テントの便利さにはやはりかなわない。テントは、場所を選ばず設営できるし、悪天候にも強い。雨はもちろん、風も防いでくれる。蚊も寄せつけない。

　しかし昔は、テントを張るという作業は「大仕事」と同義語であった。そんな時代が、あったのだ。

　写真やイラストで見たことがあるかもしれないけど、それは三角テントとか家型テントと呼ばれる、旧式のものだ。

　重たいコットンの生地でできており、きっちり張るにはごっついペグを20本近くも打たないとだめだ。4人がかりでも設営には30分以上かかった記憶がある。

　もしそのときのキャンプが雨に降られ、強風に吹かれ、というつらいものになったなら、もう二度とキャンプへなんて出かけたくない、と思ってしまうだろう。ずぶ濡れになりながらやっとテントを張り終えたと思ったら、地面を伝わって雨水が浸水してくるわ、強風にテントがあおられ、ペグが飛び……。

### 苦労してでも野外で眠りたいという人間の欲求

　そんなテントに革命が起こったのは、1960年代後半に入ってからだ。本体に軽いナイロン素材が採用されるようになり、アルミポールを曲げることで、そのテンションから丸い居住空間を利用しはじめたのだ。

　1970年代初頭には、ザ・ノース・フェイスがジオデシック形状のドーム型テントを開発。その後、メーカー各社がより軽く、設営の簡単なテントを作りだした。

　こうしてテントは、重量と設営時間が10分の1となり、僕たちは気軽にフィールドへ出かけられるようになったのだ。

　昔話をしたかったわけじゃない。

　重たく不便なテントを見るたび、それほどまでの苦労をしても、旅へ出て野外で眠りたいという欲求を、人間はもっているんだ、ということを改めて感じているのだ。

　テントという名のソフトハウスは、家として考えると不便かもしれないけど、人の心を騒がせる道具なのだ。ひとたび、テントを持って出かけた

いと思ったら、もう行くしかない。それはだれにも止めることができない種類の衝動なのだ。心の中で竜巻が走り回ってしまうのだ。

### 美しくないテントは自然への冒涜だ

ひとり旅へ出かけるためのテントを選ぶとき、重要視することはなんだろう……。

できあがりのサイズ、居住性、重量、収納サイズ、設営がかんたん、雨に強い、風に強い、涼しい、暖かい、それに価格……。

それぞれの使い方にもよるので、こればかりはなんともいえない。

好みのブランドがあるかもしれないし、ネーミングで選ぶという選択肢もある。

いまでは、重量が1キロ以下のテントが登場してきた。しかも、本格的な作りである。

装備は軽いに越したことはない。が、ここまでテントが軽くなるとは思ってもいなかった。選択肢が増えるのはうれしいことだ。

ひとり用テントに僕が望むことは、テントの中で座れる高さが欲しい、ということ。そして、風雨に強い。自立式。このあたりが優先順位となる。

そのあと、重量を気にするかな。

そして、ぜったい的に重要視するのは、色と形だ(これはもちろん、あくまでも僕の好みだけど)。

僕は、美しくないテントを自然の中に張りたくない。きらいな色のソフトハウスの中で眠りたくないのだ。

美しくないテントを使用するのは自然への冒涜だ、とまで思っている。色濃い自然の中に入れば入るほど、その思いは強くなる。景色を汚すようなテントは見たくないし、人にも見せたくはない。

あくまでも好みの問題だから、こればかりはどうしようもないんだけどね。

気に入った場所が、その日の停泊地となる。

テントに寝転がって眺める景色も一興である。

### ニーモ／タニLS 2P

最近のソロ山行はこれだ。2人用をひとりで使うことで荷物をテント内に入れてもストレスがない。室内高は104cm。座っても快適。室内高は、僕にとって重要なスペックである。

シンプルな吊り下げ式で、設営は簡単。ナイロンメッシュの本体にフルフライ仕様なので雨でも安心だ。前室も広い。

いまのテントは、収納サイズを心配することはない。最新の生地とパーツが採用され、強度とコンパクトさを両立。

湿度の高い日本では、結露がテント泊の大きな「敵」となる。とくにフルフライのテントは、雨には強いが結露に悩ませられる。

各所にベンチレーションの工夫がなされている。内部からの開閉も可能だ。完全に締めることができるので、強風時も安心。

このコーナーアンカーのおかげで、雨のときにはフライシートを先に張り、そのあとインナーテント(本体)を設営することができる。雨天撤収のときは順序を逆に。ありがたい機能だ。

住

Lesson 3

# → [ビビィサック] このものぐさ野営スタイルが好きだ

30年ほど前のこと、REIのカタログに出ていた一枚の写真が僕の心をとらえた。

それは、雪上キャンプの朝のシーンだ。ビビィサックから半身を出した男がコーヒーを飲んでいる。すぐ横にはストーブやらコッフェルやらが散らかっている。そんな写真だった（と記憶している）。

その男は、寒そうだが、幸せそうでもある。なんとも、「ものぐさ」で「ものうい」風景だったのだ。

当時、ビビィサックは日本に輸入されていなかった。さっそく、メールオーダーで購入したのだった。

待つこと1か月（エアメールで注文書を送って、というアナログ時代のメールオーダーだ）。忘れかけたころ、アウトドアリサーチ社のビビィサックが届いた。

### タープとの併用が必要で、結露もひどいのだが……

ビビィサックとは、かんたんにいってしまえば、大きなスリーピングバッグ・カバーだ。その顔の部分に細い2本のポールを入れることで、顔まわりのクリアランスを確保する。そんな繭のような寝床である。

ポールを使うが、テントというにはおこがましい。シェルターである。身の丈にあった小さな隠れ家なのだ。潜りこむと、胎児になった気分にもなる。

とはいえ、単体での使用は、居住性がいいとはいえない。いや。はっきりいってしまえば、悪い。ひどい、といってもいいかも。

タープを併用しないと、雨が降ったらどうしようもない。

また、狭いのは当たり前だが、湿度の高い日本では、結露がひどい（防水透湿素材のゴアテックスであっても）。朝起きたら、内側が露でびっしょり、なんてことは日常茶飯事だ。

それでも僕は、このものぐさ野営スタイルが好きだ。

シンプルにして、大胆。簡素にして、優雅なのだ。

だから今宵も、「ギミー・シェルター」などとうたいながら、僕はこの繭に潜りこむ。もちろん、わがオリジナルタープのムササビウイングと組み合わせて使っている。

「住」の道具とノウハウ

ビビィサックは、ひとり旅をものぐさに楽しむための野営スタイルだ。生活道具のすべてを寝ころんだまま、あるいは座ったまま手の届くところに置いておく。こうすると、下半身は寝袋に入ったままで過ごせるのだ。

雨の心配があるときは、タープがうれしい。夏は暑いのでタープだけでいいが、寒さが厳しい季節は、このスタイルがいい。

住

Lesson 4

# → [ハンモック] ヘネシーハンモックがテントの時代を終わらせた

地に足のつかない浮ついた日々を過ごしている男は（いや、女も）、寝るときも浮いていたいのである。

そこで、ハンモックの登場となる。

ハンモックというと、日本では、昼寝とか、癒しの道具と見なされがちだが、これはりっぱな寝具である。

ブラジルのアマゾン川流域の一般家庭では、ベッドよりも普及している。ベッドはなく、ハンモックが吊ってあるホテルもあるほどだ。

数年前のブラジル旅で、僕は知ったのだ。ハンモックは癒しの道具ではなく、生活の道具だということを。

町なかには、ハンモック屋が当たり前のように並んでいる。日本の街角にふとんの店があるように。

そんな店のひとつで僕はハンモックを買い、それを抱えてアマゾン川を漂う船に乗り込んだのだった。

アマゾン川を下る船は、ハンモック持ち込みが条件だった。床に寝るのではなく、船のなかにマイ・ハンモックを吊って、マナウスから河口の町ベレンまでの3泊4日を過ごすのである。川風に吹かれながら。

こうして毎日ハンモックに揺られていると、これほどまでに平和な道具が世の中にあるのだろうか、と思ってしまう。まさに、地に足のつかない日々である。僕は、完全に浮き足だってしまったのである。

「これこそが、革命だ！」と確信するほどに。この4日間が僕の心を決定的にしてしまった。

そして、高温多湿の日本の夏にも、ハンモックがよく似合う、と気がついた。

それ以来、夏の間は自分の部屋に吊ったハンモック（もちろんそのときブラジルで買ったやつだ）で、僕は寝ている。

### 蚊帳とタープがついたテントがわりのハンモック

とき同じくして、ヘネシーハンモックなる商品を見つけた。モスキートネットとタープがついた、キャンプ用のハンモックである。

ヘネシーハンモックは、キャンプといえばテントがあたりまえ、という時代に終わりを告げたのだ。大地に最も近いところで眠る、というアウトドア生活の概念を覆してしまった。

おかげで、ハンモックが旅の道具となった。

なんたって、この軽量さはありがたい。タープを含む総重量が、1キロ前後。テントがわりとしては、驚く軽さだ。

しかも、コンパクトである。マットも必要がないから、テントとマット分が、おおよそ20×25センチのスタッフバッグに収まってしまう。

特筆すべきは、モスキートネットが縫いつけられたハンモックにどうやって人間が潜り込むかという大問題を、びっくりのアイデアでクリアしていることだ。なんと、ハンモック底部につけられたスリットから、人がなかへ入るのである。そして、そのスリットはテンションがかかると閉じる。さらにベルクロテープがついているので、寝相が少々悪くても、足が出てしまうこともない。

### モンパの木がある浜が最高のキャンプ地

このヘネシーハンモックを手に入れてすぐ、僕はシーカヤックによる島から島への旅（アイランド・ホッピング）へと出かけた。それは、沖縄本島から奄美大島まで、という真夏のロング・トリップだった。

早朝からの長時間にわたるパドリングの毎日。酷暑の日々。ちょっとばかりしんどい時間がすぎていく旅だ。

だからこそ、このハンモックのおかげで快適な夜を過ごせる、ということがうれしかった。暑さのため、何度何度も寝返りを打つ、という夜を過ごさなくていい。

さらには、小さな風が吹くと、ハンモックは地球上のさまざまな「ぶれ」とはまったく違った揺れをする。このあらぬ方向へのぶれは、不思議なほど心を安らかにしてくれる。

このハンモックを使いはじめて大きくかわったのは、キャンプ地を探す目である。

キャンプによさそうな浜を地図上で見つけたなら、そこにモンパの木があることを祈る。いままでも、モンパの木陰があるビーチが最高のキャンプ地であることを知ってはいたが、いまではハンモックを吊すという命題ができたのだ。

冬でも嵐でも、部屋に南国空間が広がる。

木がないところでは、岩を利用して吊ったこともある。あるときなど潮が満ちてきたらハンモックの下は波が洗う、というスリリングな岩場で夜を過ごしたことも。

大きな旅を成功させるには、ゆっくりとした夜をひとりで過ごす環境が必要だ。そういった意味では、このハンモックは、毎晩、僕にいい夢を見させてくれた。まるで、子宮に戻ったかのような安心感が、ハンモックにはあるのだった。

### ヘネシーハンモック／エクスペディション（右）＆ウルトラライトバックパッカー（左）

キャンプスタイルの革命児である。高温多湿の国を旅するなら、これがいい。暑さによる寝苦しさから解放される。そして子宮に戻ったかのような安心感を与えてくれる。右写真はウルトラライトバックパッカー。

スタンダードタイプのエクスペディション（左）でも重量は、わずか1160g。ウルトラライト（右）なら、860g。収納サイズ約20cm×約30cm。これがひとつあれば、テントとマットがいらない。

蚊帳に覆われているので安眠のじゃまをする虫の侵入もない。天井部には、可動式のポケットが吊ってあるので、ヘッドライトや本などを入れることができる。

取説には、「8の字結び(フィギュアエイト)」と「ふた結び(ツーハーフヒッチ)」が紹介されている。もやい結び(P.87)でもだいじょうぶ。

タープは、本体のロープに結びつけられたフックに引っかけることで、簡単に着脱できる。ものぐさ男には、ありがたい装備だ。

## → ヘネシーハンモックへの入り方

底部の出入り口から潜りこみ、ハンモック内に座る。そしてそのまま寝転がれば、OK。出入り口はテンションがかかると閉まる。

住

Lesson 5

→ [スリーピングバッグ] いい寝袋は
いい夢を見させてくれる

　荒野の夜は、安堵感の中に溶け落ちていくように眠りたい。

　寒い冬なら、なおさらだ。

　冬の旅を成就させるには、すぐれたスリーピングバッグが必要だ。

　ほんとうにいいスリーピングバッグは、安眠をもたらせてくれると同時に、いい夢を見させてくれる。

　現代の放浪者は、スリーピングバッグに関しては、幸せ者だ。重たい毛布を持ち歩かなくてすむ。軽く、暖かい、良質のダウン（羽毛）があるのだから。

　ウォーム＆ドライに勝る夜はない。

　乾いているスリーピングバッグが、暑すぎず、寒すぎずの夜を作ってくれたなら、ぼくは春が来るまでずっと眠っているだろう。

　あらゆる季節にいろんなスタイルの旅を実践していると、スリーピングバッグの数が増えてくる。

　スリーピングバッグには、それぞれに快適使用温度というものがあるからだ。ようするに、寒いときには中綿がいっぱい詰まったしっかりしたやつ。それほど寒くないときは、それなりのやつ、というふうに。

　というわけで、ぼくもまたいくつものスリーピングバッグを持っている。身体はひとつなのに。

### ナンガの寝袋は永久保証

　そんな中、気になるメーカーがひとつ。滋賀県米原市にある羽毛製品メーカー「ナンガ」だ。

　ダウンの寝袋やジャケット＆パンツを「メイド・イン・ジャパン」にこだわり、製造販売している。

　ことの起こりは、昭和16年。

　横田駒三（こまぞう）が、滋賀県で布団製造をはじめる。その後、綿々と布団を作り続け、二代目・横田晃（あきら）があとを継ぐ。

　そのころから、寝袋の下請け製造をはじめる。また、防災用品なども作っていた、という。

　ところが、日本が高度成長期へ入ると、コストを下げるためさまざまな製造物は外国産へと移っていく。布団も、寝袋も。

　しかし、横田晃は世界の流れを逆手に取るように、「メイド・イン・ジャパン」でいくことにしたのだ。縫製のノウハウはある。ダウンのノ

ウハウももっている。ダウンの仕入れ先もあった。

そして、横田晃は長年の布団製造で培ってきた技術を寝袋作りにいかし、アウトドア業界へ注力しはじめたのだ。

平成7年には、ヒマラヤにある高峰"ナンガパルバット"を由来とした「ナンガ」に社名を変更。

平成21年には横田智之があとを継ぎ、横田敬三（専務取締役）との兄弟での現体制となった。

ふたりは、信頼できるヨーロッパ産のダウンを輸入し、国内で洗浄・精製したものを厳選使用。そして生地の選択、縫製など、「メイド・イン・ジャパン」のダウン製品メーカーとして、さらなるこだわりを反映させていく。

「ダウン製品は見えない部分が多いから、だまそうと思えばいくらでも消費者をだませる。だからこそ、そこは正直にいきたい」と、横田敬三。

「それに自社工場で作っているから、小回りがきく。自分のところで修理ができるから、自信をもって『永久保証』をうたえる」とも。

そうなのだ。ナンガの寝袋は、永久保証なのだ。

もし僕がオリジナルグッズを作るなら、「永久保証」にしたいと思っている。壊れない自信がある、ということではない。修理ができる、ということだ。手塩にかけて世に送り出した道具なんだから、長く使ってほしい。できることなら一生使ってほしい。なので、とことん修理して使えるようなものがいい。

そう、僕が子どものころは服のひじやずぼんのひざ部分に穴があいたら、お袋が端切れ布でつぎあてをしてくれたように。

信頼のおけるダウンのスリーピングバッグは、その安心感が暖かさとなる。いい夢を見させてくれるのだ。

### HOOKY（フーキー）／ムササビ・ダウンブランケット

ナンガに作ってもらったダウンの毛布。焚き火の前でもくるまれるよう、片面（左）は火の粉に強いコットンを採用した。

**a. ザ・ノース・フェイス／PROPEL(プロペル)**

中綿がポーラーガードの夏用寝袋だ。ファスナーもなく筒状に作られたシンプルさ。約500g。軽量コンパクトがうれしい。

### b. マウンテンイクイップメント／Xero(ゼロ)300

プラス4℃までは快適、それ以下になっても少しぐらいはだいじょうぶ。立体的デザインは、圧迫感がなくいい夢をみせてくれる。

### c. ナンガ／AURORA(オーロラ)450DX

表生地に防水コーティング素材(オーロラテックス)が使われているので、少々の水濡れは気にすることなし。寝袋カバーなしでも安心。

### d. ナンガ／UDD BAG 810DX

DX羽毛に超撥水加工。ダウンの弱点であった水濡れを克服。高品質高機能ダウン(770FP)がたっぷり入った厳冬期用だ。

「住」の道具とノウハウ

Chapter 3

c

d

住

Lesson 6

# [マット] 中綿入りの<br>インシュレーションタイプが好き

　旅の空の下でいい夢を見るなら、寝袋と同じくらいマットにもこだわるほうがいい。ふかふかの芝生の上が今夜のキャンプサイト、なんてことはまずない。荒野では。

　いい寝袋をもっていても、マットがないことにはその寝袋の真のポテンシャルを引き出せない。だからこそ、寝袋同様、安眠を支えてくれるマットは慎重に選びたい。

　欲張りな僕は、どこでもいつでも、ぐっすり眠りたいのだ。

　サイズや厚み、素材などはいろいろだが、マットのタイプは2種類。空気注入式(インシュレーション)タイプか、エンソライトやEVAなどのフォームタイプか。

　もちろんのこと、それぞれに長所短所がある。

　僕は、ほとんどの旅でインシュレーションタイプの全身用を使っている。

　寝心地がよく、収納がコンパクトというのが最大の理由だ。

　デメリットとしては、使うたびに空気を入れる手間がかかる、穴があくと悲惨、そして高価、といったあたりか。

　でも、過去に穴があいたのは2度だけ。それも修理をすればまだまだ使える。

### スタッフバッグで空気を注入できる

　いま僕がよく使っているのは、エクスペドのシンマット。

　空気注入タイプは、マット内での空気の対流により寒さに眠れない夜もある。が、このマットは中綿(化学素材のマイクロファイバー)を入れることで、対流が抑えられている。中綿にダウンが採用されているさらに暖かいタイプもある(財布には冷たいが……)。

　また、表面素材は、あえて撥水加工をせず、ざらつきを残すことで滑りにくくしている。滑りやすい素材のマットは、寝袋とマットが滑り、マットの外へずり落ちてしまう。滑り台の途中で寝ているような夢を見てしまうのだ。

　そして、なによりもうれしいのは、オプションのスタッフバッグを使えばかんたんに膨らますことができる、というアイデアだ。

歩き疲れた一日の最後に、息でマットをふくらませるのは、ほんときついからね。

空気注入口には逆流防止弁がついているので、大慌てで注入口のねじを締める必要もない。

おかげで、どんなところでも安眠できるのだ。

### エクスペド／シンマット

エア注入タイプの全身用マット。エア注入タイプは、マット内での空気の対流により寒さに眠れない夜もある。が、このマットには対流を抑えるため中綿が入っている。また表面素材にざらつきがあり、身体が滑り落ちにくい。

テントを張り終えたら、まずはマットを膨らます。オプションのスタッフバッグを使えば、空気を入れるのもかんたんだ。これで、今夜の安眠が約束された！

住

**Lesson 7**

# →［ランタン］ひとりの夜は「夜の色」を楽しみたい

　ひとりキャンプの夜は、小さな"灯り"がうれしい。

　キャンプの夜なんだから、僕は「夜の色」を楽しみたい。

　ろうそくやオイルランプの小さな炎は、明るくないところがいい。まぶしくないところがいいのだ。明るすぎると、見えないものもあるのだ。

　それに、そよ風に動揺するがごとく、弱々しく揺れるのがいい。まるで、これからのわが人生の先行きをいっしょに心配してくれているようだ。小さな裸火は優しいやつなんだよ。きっと。

## ガソリンやガスのランタンは明るすぎる

　静かな夜に、ガソリンやガスカートリッジ式のランタンは似合わない。明るすぎるのだ。それに、大きな音も気になる。

　もっとも明るさを売りにしているランタンなのだから、ランタンにはなんの責任もないのだけど、機能的なランタンは「夜の色」を楽しむための道具ではない。

　しかし、「地球の原風景を前に、暗闇を噛みしめたいのだ」などと気障なことをいっていると、しっぺ返しもある。

　月明かりもない暗い夜には、さっきまで心地よかった風に揺らぐ葉っぱの音がどんどん大きくなってきて、恐怖に駆られることがある。

　それにともない、森を歩く動物の足音も大きくなってくるのだ。ついさっきまでは、「リスだろうか、テンの足音だろうか？」などと楽しんでいた音が、「クマか？　いや雪男か！」などと妄想がでかくなってくるのだ。

　そうなると、小さな灯りが美しい、などと喜んではいられない。眠れぬ長い夜を過ごすことになるのだ。

　でも、そんな夜もときにはいいじゃないか。

　その心の変動も、ひとり旅の楽しさなんだから。

　そんな夜を過ごせば、またひとまわり自分がおとなになったような気にもなれる。

　風に揺らぐ心もとない小さな"灯り"だけど、旅の夜には、いろんな物語を雄弁に語りはじめるのだ。

「住」の道具とノウハウ

ひとりキャンプは小さな灯りがひとつあればいい。できれば、ゆれる炎の灯りがうれしい。そこでキャンドルランタンの登場となる。風にあやうい炎を眺めていると、いろんなことを思い出す夜となる。

## UCO／キャンドルランタン

少々重たいが、この真鍮製のキャンドルランタンを僕はいろんなところへ持ち歩いた。明るさを欲していたわけじゃない。ひとり旅の精神安定剤だったのだ。

竹で作った燭台を持ち歩いたこともある。「あやうい」という言葉をさらに実感できる炎である。竹でのもの作りを「かぐや姫シリーズ」と呼んで楽しんでいる。

泡盛の瓶を切って（大変な作業だったけど）、キャンドルランタンを作ってみた。ガラスがかんたんに切れるなら、海岸に漂着しているいろんな瓶から、その場で作るんだけどな。

住

Lesson 8

## → ［ファーストエイドキット］身体と装備の悩みごとを詰めていく

　バックパッキング旅の装備は、少ないに越したことはない。それはもちろん荷物は軽いほうが楽だ、ということでもあるんだけど、それ以上に、シンプルな道具だけで出かけることは、旅を味わい深いものにする、という意味が大きい。

　装備選択は、「なにを持っていくかではなく、なにを持っていかないか」が指標となる。

　しかし、バックパックの中には使わずにすめばそれがいちばん、という装備もあるのだ。

　ファーストエイドキットである。

　ファーストエイドキットとは、「悩みごとセット」のことでもある。

　過去、ファーストエイドキットにはいろんなものを詰めてきた。が、紆余曲折、ようやくシンプルになってきた。

### 身体用はテーピングテープとガーゼ

　身体のメインテナンス用は、テーピングテープ。固定用と伸縮テープの二種。あとは、ガーゼぐらいか。

　筋肉系やねん挫などのトラブルは、テーピングテープをやばそうなら早めに巻いてしまう。

　どうしても、「もう無理」となったらその箇所をぐるぐるにかためて、旅を途中であきらめるにしても、とにかく自力で下山したい。

　そういうためのファーストエイドキットだ。

　怪我をしたり、風邪をひいたり、お腹をこわしたり、と考えたらきりがないんで、そういった病気や怪我は、すべてがまんしよう、と決めた。だから「がまん」と大書きした紙も入れている。

　僕の場合、さいわい常備薬もないんで、最近はこれだけだ。

　ふつうのファーストエイドキットとはだいぶ違うので、あんまり参考にならないかも。

### 装備用はダクトテープや結束バンド、細引きなど

　装備用のファーストエイドは、ダクトテープと結束バンド（タイラップとも、インシュロックとも）、それに細引き（細引きは万能だ）、テントのポールリペアキット、それにインシュレーションマットの修理キットぐらいか。

日本というフィールドを考えたとき、トラブルが起こってもそれほど長期に下山できないということもないだろうから、という「甘え」も、たしかにある。

　日本のバックパッキング旅ならではのファーストエイドキットかもしれない。

　いずれにせよ、年々シンプルになっていくということは、わが人生における「悩みごと」はほとんどない、ということなのだろう。

テーピング用テープは2種類。伸縮性のあるものとないもの。伸縮性のある包帯（a）。靴擦れ防止クリームと絆創膏（d）。乾いたガーゼ（e）と消毒液がしみこませてあるガーゼ（f）、それに細引き数種（c）。安全ピン（b）は、洗濯ばさみ代わりとしても使える。あとは、ダクトテープと季節によっては日焼け止め、リップクリーム。そんなもんかな、僕が持ち歩く最近のファーストエイドキットは。

住

Lesson 9

# [ロープワーク] 「もやい」「巻き」「トラッカーズ」の3つを覚えよう

ソフトハウスやタープの下で快適に一晩を過ごしたいなら、まず「家」をしっかり建てることだ。

必要なのは、固定。

自然の中でキャンプをするということは、ペグがよくきく（キャンプ場のテントサイトのような）場所ばかりではない。

さらさらの砂浜のこともあるだろうし、ごろた石だらけの河原で寝る状況もある。ひどいときは、ペグも打てないコンクリートのように固い地面、なんてこともあるんだから。

その場の状況に応じて、まずは固定を考えることが絶対条件となる。

市販のペグはもちろんのこと、立ち木を利用したり、ときには棒切れを深く埋めるとか、石を利用するとか。1本では心もとない灌木を束ねて、使うこともある。

そして、そこで必要となるのが、ロープワークだ。

ロープワークについては、それだけで一冊の本が書けるほど、さまざまなテクニック、方法、アイデアがある。

しかし、実際のところは3、4種類の結び方を覚えておけば、あとはその応用だ、と思う。

というのも、いろんな結びを僕が知らないだけだけど（僕がロープワークの本を書けば2〜3ページで終わってしまう）。

「結びやすく、ほどけることなく、ほどきやすい」

これがロープワーク三大原則！

そこで、ここでは僕が信頼している3つの結びを紹介しよう。

### 片手でも結べるように練習する

まずは、「もやい結び」と「巻き結び」。

この2つは、すべての結びの基本となる。

まっ暗ななかでも結べるようにしておきたい。できることなら片手でも結べるように。

優秀なヒットマンが、スミス＆ウェッソンM29の分解と組み立てを暗闇でも、片手でもできるように。

長さ調節が必要な結びには、「トラッカーズ・ヒッチ」が便利だ。テンションを強く張りたいときにはこの結びである。

細いロープや硬いロープは、「自在結び」はあまりきかない。

それにいまは、自在金具が充実している。自在結びを覚えるよりは、ロープの太さにあった自在金具を準備するほうが現実的だ。

トラッカーズ・ヒッチはその名のとおり、トラック乗りたちが荷物の固定に使う結びである。車のルーフトップにのせたカヌーなどの固定にも使える。

「もやい結び」、「巻き結び」、「トラッカーズ・ヒッチ」。この3つさえマスターすれば、風に強いソフトハウスを手に入れたと同時に、「結びのプロ」を自称できるぞ。

## → もやい結び

船をもやうときに使う結びだ。別名は、「キング・オブ・ノット」。
片手でもできるように練習しよう。英語では、Bowline Knot。Bowとは船首の意味。
クライミングや人命救助でも活躍。

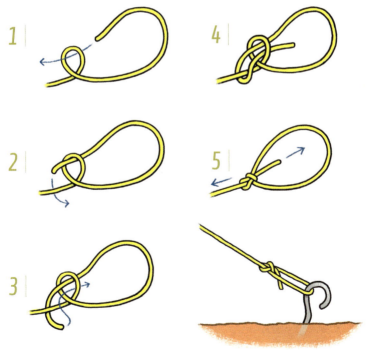

ペグにひっかけるときなどに活用できる。

## 巻き結び

「とっくり結び」とも呼ぶ。この呼び方のほうが、僕は好きだ。
英語では、Ink Knot。インク瓶を吊るのに使ったのかな。

### 立ち木などに結ぶ

名のとおり、木に巻きつけていく。
かんたんで実用的な結びだ。
さまざまなシーンで使える。

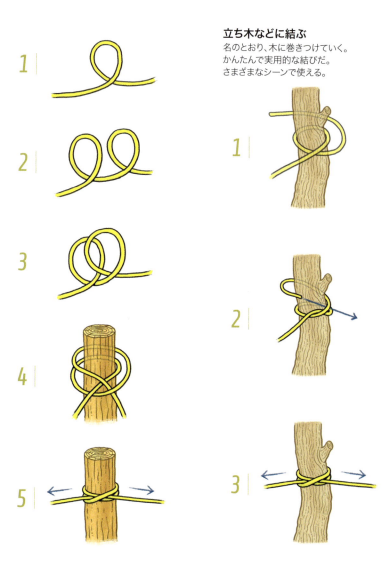

88

# → トラッカーズ・ヒッチ

ぴんと張ることを目的とした結び。タープをピシッと張りたいときも。
そして「力持ち」な結びでもある。緩んだときの張り直しも楽にできる。

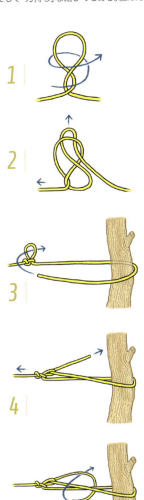

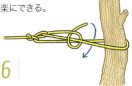

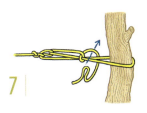

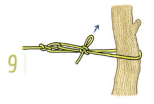

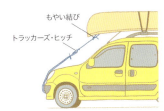

住

# Lesson 10

→ [トイレ] 「外でうんこしてる?」の挨拶が永遠に不滅であってほしい

　僕の友人に、挨拶が「こんにちは」とか「元気?」とか「久しぶり」じゃなく、「外で、うんこしてる?」と聞いてくる男がいる。

　彼もまた、多くの時間を無人島や森の中で過ごしてきた男だ。なんらかの理由で忙しく、野外へ出かけられない日々が続く悲しさを知っている。だから、僕が都会での日々が忙しいとき、そんなふうに話しかけてくるのだ。

　別の友人は、初のシーカヤック旅で「外でうんこをするなんて、小学生のとき学校帰りにがまんできなくて裏山でやった以来」と感動していた。

　またある人は、「外へ出ると、なぜかうんこがしたくなる」という（僕にも少しその気があるので、よくわかる）。

　野外で用を足す、ということに抵抗がある人もいっぱいいるだろう。「だから、山へ行かない」という人も多くいる。

　こればかりは、好みというか、慣れというか、やむを得ないというか（ある種の人は「デリカシーの問題だ」というかもしれないけど……）なので当たり前のことながら、僕にはなんともいえない。

### 水場やトレイルから離れる。あまり深く掘りすぎない

　どんなフィールドでも、便所を使うのがいちばんの対処法だ。が、どうしようもないときもある。

　好もうと好まざるとも、山や自然の中（便所ではない場所）で用を足すことになったら、いくつかのことには注意しよう。

　まずは周りをよく見わたすことだ。人がいるかどうか。これがいちばん重要かも。

　人に排泄行為を見られるのはいやだが、それ以上に見せることは失礼だと僕は思う。見られたほうは恥ずかしいだけですむけど、見たくないものを見てしまった人は不幸である。

　低山や川、海辺などは、ずっと前からいわれている基本的なことを守ればいい。

　水場からは遠く離れる。トレイルやテントを張るだろう場所からも離れることだ。また、雨が降るとすぐ水路になるだろう場所も避けるほう

がいい。そして、あまり深く掘らず微生物が腐植土に変えてくれる層までにとどめておく。

自然分解が遅い高山では、持ちかえるしかない。携帯トレイを持ち歩くことが、いまの時代の山旅では当たり前になった。

低山でも、人が多い場所では持ちかえるほうがいい。もっとも、人の多い低山は便所も充実しているから、あらかじめ便所の場所を把握していれば、それほど心配する必要はないかも。

いずれにせよ、「外で、うんこしてる?」という挨拶が永遠に不滅である世の中であってほしいものだ。

**トイレセット**
ジップロック袋に、トイレットペーパーとライター、それにもう1枚ジップロック袋を入れている。予備の袋は、使用後の紙を持ちかえる必要があるときのため。

スコップがあるとなにかと便利だ。そこで、竹のスコップを自作した。ムササビ・ディギングと呼んでいる。

**ケンユー/エコポットE**
排泄物を持ちかえるときには、こうした携帯トイレが便利だ。いまではいろんなメーカーから発売されている。使いやすそうなのを選べばいい。

1989年に書かれ、1995年に翻訳版が出た『山でウンコをする方法』(日本テレビ)。著者は女性。まじめに、かつユーモラスに自然とのつきあいが書かれている。

## コラム2

# 焚き火をめぐる九つの物語

　僕はいま、深い山にいる。

　渓流のほとりにテントを張り、焚き火のそばにどっかと腰を下ろし、星空を見上げる。そして、星々からなにかの暗示を受けたかのように、小さな声で炎に話しかけるのだ。

　かたわらには忠実なラブラドールレトリーバーの「サンシャイン」が、哲学的な面もちで炎を眺めている。バーボンをすすると、風がブナの森を抜け、ときおり薪が「ぱちっ」とはぜる。炎の影が僕の横顔に揺れる。こうした時間がほしかったのだ。こうしたときを過ごしたいがために、わざわざ幽寂な渓谷にやってきたのだ。火の前で、こうしてひとり座っていたかったのだ。

　小さな焚き火を前に、僕はやがて大自然に浸透していくのであった……。

　というのは、炎のごとくまっ赤なうそなのである。
　そんな焚き火は、やりたくない。ぜったいに！
　焚き火を前にすると、人はすぐに人生を語り出す。
　大いに困るのである。焚き火を前に、人生を語ってもらっては。
　また、燃えさかる火に薪をくべながら、「焚き火っていいよね」などとつぶやいてほしくない。それに、背筋をびしっと伸ばして、「趣味は焚き火です」などといってはいけないのだ。焚き火を前にして、なにひとつ有益なことがあってはいけないのだ。重たいことはやめてくれ。

　無益で意味のない夢想にあふれた夜。それこそが、美しい焚き火の夜なのである。

◆**物語一／サバイバル教書**

　1970年代初頭の、アメリカでの話。
　冒険心あふれるふたりのティーンエイジャーが、一冊のサバイバル教書ととも

にバックカントリーへ入っていった。

　信頼できると評判のサバイバル教書を手にしたふたりは、テントや寝袋を持たず山へ入っていったのだ。血が騒ぐ冒険行だ。なんたってその本には、ブッシュを切って作るシェルターの設営法が書いてあったし、枯れ葉を敷物に眠る快適さが書かれていた。もちろん、焚き火の仕方も懇切ていねいに。

　そして、それが約束事かのように、ふたりのティーンエイジャーは遭難する。道に迷ってしまったのだ（そのサバイバル教書には地図の読み方も書いてある）。さらに、またまた約束事かのごとく、冷たい雨が降ってくる。雨が降る寒い山の中で、ふたりは予定外の一夜を過ごすことになったのだ。

　雨ですべてが湿り、火が熾せない。寝床も作れない。

　雨の日の焚き火の熾し方、という項目を何度も読みなおし、あらゆる手を尽すすが火は熾きない。寒さに震えながら、このまま火がつかなかったら凍え死んでしまうだろう、と思ったそのとき、ふたりは一大決心をした。

　本をさらに活用したのだ。最大限に。そう。サバイバル教書の1ページずつを破っては焚きつけとして使ったのだ。こうして、湿った薪に火をつけることができたのだ。

　助かったふたりは、「分厚い本で助かったよ。いや、ほんと」としみじみとつぶやいた（かどうかは、定かでないけど……）。

### ◆物語二／山火事

　やはり1970年代初頭の、これまたアメリカでの話だ。

　ケルティのフレームパックを背負ったひとりのバックパッカーは、カリフォルニア州の山を歩きながら、自然環境へ与えるダメージを最小限に抑えるべく、さまざまなこ

焚き火を前にするといろんな思いが頭をめぐる。ひとり旅では、「話しかけるのも自分ならば、それに答えるのも自分」という時間が続く。けっして悪い時間ではない、と思うのだが……。

とを実践していた。とくに焚き火のこと。

　焚き火をおこなう場所を選び、最適な場所が見つけられなければ、持ち歩いているコンパクトストーブで調理をまかなう。楽しみのための焚き火はやらない。環境のためである。また、排泄物はバクテリアの活動が活発な10センチから15センチほど掘った穴の中に埋め、お尻を拭いた紙は燃やす。

　というわけで、今朝も使用後のトイレットペーパーに火をつけたのだ。

　が、折からの風で炎は広がり、火は枯れ葉を燃やし、枯れ枝にまで……。あれよあれよと燃え移っていくのだった。なんと、トイレットペーパーにつけた火が、山火事を起こしてしまったのだ。

　この話を聞いたときには、湿度の高い日本じゃトイレットペーパーの火ぐらいで山火事は考えられないよな、と思ったものだ。カリフォルニア・ハイマウンテンの乾いた風を感じる話である。

　ところが……。

◆物語三／島火事

　2001年の夏のこと。
　舞台は、沖縄の慶良間列島にある安室島。小さな無人島である。
　ひとりのシーカヤッカーがキャンプをしていた。
　ある朝、アダンの茂みの中で用を済ませた彼は、使用済みのトイレットペーパーに火をつけた。と、その火はアダンの枯れ葉に燃え移り、炎はさらに風にあおられアダンの茂みを燃やしたのだ。

　その火は、島の半分のアダンを燃やしてしまった。トイレットペーパーの火が、島火事を起こしたのである。このシーカヤッカーは、枯れたアダンの葉っぱは焚きつけとして最高だ、と身をもって知ったことだろう。

◆物語四／焚きつけいろいろ

　実際、南の島々をシーカヤックで巡るときは、アダンの葉っぱが焚きつけとして大活躍する。南の島の海岸を旅するなら、市販の着火剤はまったく必要ない。

雨が降っていても、うっそうとしたアダンの茂みの奥に入れば、乾いた枯れ葉を手に入れることができる。

　アダンの葉のいいところは、南の島の海岸線ならどこにでもある、ということだ。焚きつけを探す必要もないし、持ち歩く必要もない（トゲが鋭いから枯葉を集めるとき、手に小さな傷がいっぱいできるけどね）。

　ロシアで知り合った猟師ジェーニャは、焚きつけとして白樺の皮をいつも持ち歩いていた。夕方になり、その日のキャンプサイトが決まると、まず焚き火をはじめる。火床の準備ができたら、ジェーニャはポケットから白樺の皮を取り出し、小さくちぎるとそれに火をつけ、火床の奥へと入れるのだった。油をいっぱい含んだ白樺の皮は、火力が強く、風にも消えることなく、確実に焚き火に点火できる。

　カナダのシーカヤック・ガイド、マーティは、焚きつけにろうそくを使っていた。焚き火の下にろうそくを入れ、ろうそくの炎が小枝に移ったら、ろうそくを取り出しろうそくの炎を吹き消す。

　もちろん、このろうそくは夜の明かりでもある。


◆物語五／マッチ一本

　そういえば、目につく焚きつけになりそうなものになにからなにまでをポケットに入れて歩いていたことがあった。トレイルに倒れている白樺があればその皮を剥いだり、モクマオウの落ち葉をマウンテンパーカの大きなポケットいっぱいに詰め込んだり。小さな紙ゴミも、もちろんである。

　それはマッチ一本で焚き火を熾せることこそが、「かっこいい男」だと信じて疑わなかったころの話だ。

　焚き火の準備をして、さあ着火というときにさりげなくポケットからその日拾った焚きつけを取り出しマッチを擦る。一本のマッチだけで計算どおり焚き火にじわじわと火がまわっていくことが「美」だと信じていたのだ。

　そして、そのころの僕は市販の着火剤を隠し持っていた。もしうまく火が熾せなかったら、内ポケットからこっそり着火剤を取り出し、焚き火の中に放り込む

のだ。だれにも気づかれないように。

### ◆物語六／斧

　斧を手にすると、背筋が伸びる。こんな僕でも、襟を正してしまう道具である。
　ヘンリー・デビッド・ソローの著作に、斧を貸し借りできるのは真の友人だけだ、という話がある。返すときには借りたときよりも切れるように刃を研いで返すのが当たり前だという話だった。森に暮らす男には、斧は魂の道具なのだ。
　アラスカでガイドをやってきた親友から譲り受けた斧を、僕は持っている。
「おれはもう使うことがないから、お前にやる」と手渡されたのだ。
　この古く大きな斧を手にするたび、できることなら斧や鉈のような男になりたい、と願うのだ。カミソリのように切れ味鋭いクールな人間ではなく、切れ味は多少悪くても、「どすっ」と重たく生きていきたい、と。

### ◆物語七／冬のある日のメール

＜今月の17日（月）、忙しい？
　三浦半島で『焚き火』するけど来ない？
　城ヶ島の近くに二基の風車があるの知ってる？
　その近くにいい場所を見つけたので、三崎漁港で新鮮な魚買って、お刺身や、鍋などやろうかと予定しています。もし来るなら、マーティンのクラプトンモデルも持っていくよ。弾きに来ない？
　今のところ参加は４人。久しぶりに会いましょう。ぜひ。＞
　ときには、焚き火のように心温まるメールが来ることもある。

### ◆物語八／太古の焚き火

　人間が火を使った跡としてもっとも古いのは、140万年前のものといわれているアフリカの「チェソワンジャ遺跡」だ。そこに焚き火の跡があった、という。また、45万年前の北京原人の遺跡からは、同じ場所で何度も焚き火をしていたと思われる跡が発見されている。

太古の人たちは焚き火を前に、どんなふうに過ごしていたのだろう。

　料理をし、暖を取り、濡れた体と衣服を乾かし、会話を弾ませ、活力を呼び起こす。それらが全部できるのは焚き火をおいてほかにない。

　140万年前から、焚き火の効用はかわらなかったはずだ。

### ◆物語九／ラム酒のカレンダーと焚き火の素敵な関係

　あるとき、僕はアラスカ・キーナイ半島のデソレーショントレイルと名づけられた道を、ひとり歩いていた（それはたしか、1990年代のどこかの夏のことだ）。「廃墟」と名づけられたそのトレイルで、僕は古い歌を口ずさみながらクール・ストラッティンを装っていたのだ。

　が、心は不安でいっぱいだった。初めての場所（アラスカ）で、1週間におよぶひとり旅ははじまったばかりで、バックパックは重たく、トレイルは延々と続いている。そして、いま僕の周囲半径10キロ以内には、人よりもクマのほうが確実に多いのだ。そうした思いは、いま考えないこと、という引き出しに押し込めるのだが、見通しのきかない場所や、それがたとえ風のせいであろうと木々が揺れる音を聞くと、頭の中のその引き出しはすぐに開いてしまうのだった。

　キャンプはぜったいに焚き火ができるところでしよう。歩きだしたときから、僕は決めていた。焚き火の炎は、すべてのものから僕を守ってくれるだろう。と、なんの根拠もなく思いこんでいた。いや、思いこみたかったのだ。

　初日の夕方にキャンプサイトとして選んだ場所は、トレイルから少し外れた針葉樹林の中だった。小さな川がすぐ側を流れている。

　テントを張り、テントからはなれた場所に荷物を吊せる木を探し、そして小さな焚き火の準備をした。

　すぐに、まるでアメリカのアウトドア雑誌から抜け出してきたかのようなキャンプサイトができあ

焚き火がうまい人は、空気の流れを知っている。空気の流れを想像しながら、薪をくべていこう。火は、薪だけでは大きくならない。酸素とともに育っていくものだ。美しい焚き火をしたいなら、空気の流れを考える。社会の空気に流される必要はないけど……。

がったのだ。木立の中、曲線美がやさしいモスのひとり用テントがあり、そこから少しはなれた川の近くに小さな焚き火。そして、さらにはなれた木に荷物が吊り下がっている。

　僕は、すっかりこのキャンプサイトが気に入ってしまった。焚き火のための乾いた倒木は、いたるところに落ちていた。

　焚き火に火がまわるにつれ、クマの恐怖からも、ひとりでいる不安からも解放されていくようだった。黙って薪をくべ、簡単な食事を作り、また薪をくべ、黙って食べ、また薪をくべ、黙って片づけをし、また薪をくべる。

　焚き火を前に黙って過ごすのである。ひとりだから黙って過ごすのは当たり前なんだけど、なんだかすごくきざなのだ。そのひとつひとつの行動が。

　そのきざさは、ひとりでもいやになるほどだ。ただただここにいることに、自分が酔ってしまっているのだ。さっさと眠ってしまいたかったが、初日の興奮と、きざなキャンプと、明日からの行程を考えると睡魔など入ってくる隙もない。

　集めた薪は、まだまだある。

　飲み物のほうは？

　それもだいじょうぶ。これから続く旅のために、ラム酒を1本ペットボトルに移してきた。そして、そのペットボトルには、リカーショップで借りたマジックペンで6本の太いラインを等分に入れた。ようするに、7日間の旅だから、1日の終わりにこのラインまでのラム酒を飲むのである。これは、旅の間のカレンダーである。

　紅茶を入れ、ラムをとくとくと滴らす。その繰り返しで、夜が過ぎていく。

　ふと気がついたら、マジックペンのラインはなんの役にもたっていないのである。カレンダーになど使えるわけがない。そのカレンダーはすでに、明日、明後日、明明後日、いやその先まで進んでいる。

　焚き火に酔い、ラム酒に酔う。

　焚き火を前に、いまにも人生を語ってしまいそうな夜だったのだ。

## Chapter 4

# 「食」と「遊」の道具とノウハウ

Lesson 1

## [ストーブ] ガソリン・ストーブの不規則な炎が元気をくれる

　残念ながら、日本では焚き火ができる場所は少ない。禁止されている、という意味ではない。

　あくまでも、「ここで焚き火をしてもいいかどうか？」という自己判断での話である。

「焚き火にまさる火はない」ことは知ってはいるが、コンパクト・ストーブが必携の時代なのだ。

　地面に迷惑をかけず、灰も落とさなければ跡形も残さない。黒く焼けた石をきれいに磨いたり、埋めて隠したりする必要もない。

　これがひとつあれば、フィールドのどこもが台所となる。いいかえれば、小型ストーブは、旅を自由にしてくれる道具のひとつでもあるのだ。

　小型ストーブには、ガソリン、灯油、アルコール、ガスカートリッジなど、用いる燃料の違いでいくつかのタイプがある。

　それぞれに長所短所があるので、どれを選ぶかはまったくの好みとなる。

　そんななか、僕はガソリン・ストーブに道具としての圧倒的魅力を感じている。

　いまだ、プレヒートに時間を割いている人間である。

### プレヒートとは一種の儀式である

　ガソリン・ストーブの構造は、単純明快だ。その構造の単純さゆえ、プレヒートという作業が必要となる。

　いくつかの手順を踏み、燃料を気化させるために予熱するわけだ。

　このプレヒートにこそ、ガソリン・ストーブを使うバックパッカーの誇りと見栄と極意がある。

　お気に入りの道具に息吹を吹きこむ、一種の儀式である。

　そして多くの人は（少なくとも僕は）、その時間をひそかに楽しんでいるのだ。

　ガソリン・ストーブに火がつくと、立ちあがる炎は自由にうごめいている。

　まるで、話しかけてくるかのように「ばっばっばっばっばっばっ！」と大きな音をたてながら燃えるのだ。シンプルな構造をもつこの道具は、ともすれば人間的な側面をもつ。

　ガスコンロのように、軍隊の行列を思わせる行儀のいい炎ではない。

そして、この音と炎の躍動は、いくつもの旅を想いださせてくれる。

静寂の森。雲が走る満月の夜。オオカミの遠吠え。吹雪のうなり声。氷点下の朝。

ガソリン・ストーブに火をつけることで、旅の夜に魔法の時間がはじまるのだ。

ひとり旅の夜には、何度となく元気づけられたのだった。

### オプティマス／
### 123R SVEA（スベア）

コンパクトストーブの代名詞でもある「スベア」。シンプルな作りなので故障がない。分解もかんたんで、構造もわかりやすい。

デザインと機能は完成されている。スウェーデン製のこのストーブは100年以上もモデルチェンジをしていない（する必要がないのだ）。

右端の火力調節用レバーは、これ1本でスベアを分解できる。写真左下のポンプはオプション。なくても使える。

**SOTO／
MUKA STOVE
（ムカストーブ）**

プレヒートにこそ「バックパッカーの誇りと見栄と極意がある」と思ってきたが、プレヒートの必要のない革命児が登場。しかも、こまかな火力調整ができる。さらには、レギュラーガソリンも使える。

**BORDE BURNER
（ボルドーバーナー）**

ポケットに入るこのストーブほど美しい道具を、僕は見たことがない。けっして無機質ではない。シンプルな構造をもつストーブは、ともすれば人間的だ。「自由」を形にすると、こうなるのかもな。

## → プレヒートの仕方（オプティマス／123R SVEAの場合）

1 | 固形燃料やガソリンなどをバーナー下のくぼみ（プレヒートプレート）に入れる。灯油を使うときは布切れなどが必要（灯油は引火点が低いので）。

3 | じゅうぶんに暖まったと思ったら、燃料コックを開く。プレヒートが足らない場合はガソリンが液体状で出てくるので注意が必要（ストーブは火だるまになるが、すぐに燃料コックを閉じれば、それほどの危険はない）。

1' | オプションのポンプでタンク内を加圧すれば、燃料コックを開くだけでガソリンがこぼれ落ちるから1の作業は必要ない。

4 | プレヒートがうまくいくと、燃料コックをひねることで気化したガソリンがノズルから出て、勢いよく燃え出す。

2 | 燃料コックを閉じた状態で、プレヒートプレートにたらした燃料に火をつける。しばし待つ。この時間は経験で。

5 | 燃料コック調整で火力を整える。ストーブが暖まるほどに火力が安定してくる。というか、燃え盛ってくる。

**Lesson 2**

## [クッカー] 優雅な食事はシンプルなコッヘルから

　もうずいぶん前のこと、コッヘルを忘れた2泊3日旅があった。

　大慌てで、旅先の食料品屋でふたつの缶詰を買った。たしか、チリビーンズとフルーツの缶詰だったと思う。

　もちろん、それらは初日の食料となったが、その空き缶こそが必要だったのだ。そう、空き缶を鍋として使ったのだ（もちろん、スチール缶だ）。

　その旅の間、食事のたび、ちょっとばかりの貧乏くささを感じたけど、ま、それはそれでいまとなっては笑える思い出である。

　「コッヘルなんていらないよ。たいていの料理はアルミホイルさえあればできるし、お湯を沸かすときはシェラカップを使えばいい」と、かたくなにコッヘルを持ち歩かない友人がいる。そういう考えも、ありだろう。

　ひとり旅ならなんとでもなる、ということだ。

　ふたり旅、グループ旅を考えるなら、もうちょっと計画性が欲しい（いうまでもなく、みんなはちゃんと計画性があるんだろうけど）。

### スタッキングできる2つの鍋に好みのカップをプラスする

　ただ僕は、コッヘルもまた、シンプルなものが好きだ（シンプル！ これはコッヘルにかぎらず、すべての道具にいえることだけど）。

　鍋やカップやヤカン、スプーンやフォークなどなどがいくつもセットになっているのが便利そうに見えても、あまり大げさなものは、やめておくほうがいい。

　買うなら、せめて鍋がふたつスタッキングできるぐらいのシンプルなやつ。そのあと、カップなどは好みでプラスしていけばいい。

　自信をもってこういえるのは、わが物置には使ったこともないセットの片割れがあちこちに散らばっているからだ。

　とくにバックパッキングでの山旅を考えているなら、必要最低限の調理道具でまかなうことを強く考えるほうがいい。

　鍋の径が小さく背の高いものは熱効率が悪い。しかし、パッキングが楽だ。

チタンのコッヘルは軽いが、財布に重たい。熱伝導率が低く、料理が焦げつきやすい。これでご飯をうまく炊こうとするなら、かなりの経験が求められる。

いずれにせよ、料理があまり得意じゃないぼくは、シンプルなコッヘルしか持ち歩かない。

コンパクトで風に強いSOTOのウインドマスター。炎が中央に集中するので径の小さなコッヘルでも熱効率がいい。そしてGSI／ピナクル・ソロイストに、カートリッジとともに律儀に収まる。機能優先の長旅には、このセットを持っていく。

シンプルなシェラカップやロッキーカップは、使い途が広い。チタン製のふたも意外や便利アイテムのひとつである。

小さなスキレットは、ひとり旅を和ませてくれる。重いので、いつも持ち歩くわけじゃないけど。

Lesson 3

## [ホットサンドメーカー] フライパンにもなる自由なクッカーだ

ソロキャンプの朝に、オムレツを作ってみた。

オムレツといったって、ホットサンドメーカーで残りものの野菜や肉を炒め、そこに玉子を落とし牛乳を流し込みよくかき混ぜ、あとはじっくり片面を焼くだけ、という手抜き調理だ。

そのものぐさな作り方から、「のらくらオムレツ」と勝手に呼んでいる料理である。

このように、僕はホットサンドメーカーを、あらゆる調理に使っている。

ホットサンドメーカーでホットサンドを作るのはもちろんのこと、この調理器具を小さなふたつきフライパンとして使っている日々だ。

いまさらいうまでもなく、ぼくはホットサンドが大好きだ。

もともと、歩きながらでも、しかも片手さえあいていれば食べられる、というサンドウィッチの自由さに惹かれていた。

その上、「はさんで焼いたらなんでもおいしい！」と気がついてからというもの、今日はどれをはさんで焼くか、ともくろむ日々だったのだ。

ホットサンドは自由な食べものである。

そのことに気がついてからは、家でも野外でもホットサンドを作り続けている。

ある日あるとき、ホットサンドが自由の食べ物なら、ホットサンドメーカーもまた自由なるクッカーであるべきだ、と思いたった。

そんなわけで、オリジナル・ホットサンドメーカーを作れないか、と考えた。

「自由なクッカー」ということをより際だたせるために！

こうして生まれたのが、この「タルサタイム／マルチ・ホットサンドメーカー」だ。

### 上下が取り外せてなおかつ上下の深さが違う

まずは、上下を取り外し式とした。これで、小さなフライパンとして使いやすくなる。

また、フライパンとしての深さを出すために、上下の深さをかえた。

下の部分を深くしたのだ（上下を足すとふつうのホットサンドメー

カーと同じ厚さになる）。

さらには、ノーマルな深さのものと、下部だけもっと深いタイプのものも作った。

これで、クッカーとしての幅が広がるばかりか、厚切りのパンにごっついトンカツをはさんだ豪傑ホットサンドを焼くこともできる。上部1種、下部2種の3つで1セットのホットサンドメーカーである。

そして、焼きあがったときの「ほっ！」と感を出すための癒しの焼き印。

この「タルサタイム／マルチ・ホットサンドメーカー」は、ぼくにとって「サンドのめし」を作るためのクッカーなのだ。

旅の途上で、転がる石のようなホットサンドが作れればいいな、といつも思っている。

### タルサタイム／マルチ・ホットサンドメーカー

WILD-1のガレージブランド「テンマク」と僕が共謀して作ったホットサンドメーカー。ホットサンドだけではなく、ふたつきフライパンとしてあらゆる料理に使っている。焚き火にかけることもしばしば。

うまく焼けると、「ほ」の字がうれしそうに笑っている（と思わないか？）。

はさんで焼いたらなんでもおいしい、となんでもかんでもホットサンドに。調子にのって『ホットサンド54のレシピと物語』（実業之日本社）なる本まで書いてしまった。

Lesson 4

# [水筒] おいしい水を飲むなら いれものにもこだわりたい

日本の山には、おいしい水がいっぱい湧き出ている。

これは、日本が世界に誇れることのひとつである。そのまま飲める柔らかい水が、各地の山に流れているのだ。

こんなに幸せな国は、世界中を探してもそれほど多くはない。

僕らはふだん気にもしないけど、水道の水をそのまま飲める国というのは、じつはめずらしいことだ。それはもちろん、国や水道局などの努力もあるだろうけど、なんたって山河におしいい水が豊富に流れているからでもある。

ある時代から、日本にもペットボトルに入ったミネラルウォーターなるものが登場した。と同時に、違いのわかる人間は、水道水ではなくペットボトルの水を飲む、という風潮が生まれてきた。

でも、ちょっと想像して欲しい。水道水をそのまま飲める国と、ペットボトルの水しか飲めない国の差を。

たしかに、ペットボトルの水を買うほうがGDP（あるいはGNP）は上がるかもしれない。もっといえば、川の水をそのままおいしく飲める国は、圧倒的にGDPの数字は上がらないだろう。

しかし、そんな数字にだまされてはいけない。GDPの数値より、国民にとって、どっちが幸せか？

でも、むずかしい話は、有識者にまかせておこう。ここではGDPを追求したいわけではないのだ。

僕がいいたいのは、僕たちは山に流れるおいしい水を誇りに思うと同時に、大事にしなくてはならない、ということだ。これは、使命でもある。

そして、おいしい水をだまって見逃す手はない。

### 水筒を持ち歩けば「うっかり」ごみも減らせる

さらに、おいしい水を飲むならそれを入れる水筒にもこだわりたい。

僕は、大好きなコーヒーやワインを、使い捨てのプラスチックや紙のコップでなんて飲みたくない。

おいしい水も同じだ。

だから、山へ行くときには（町にいるときも、必要があれば）、水筒を持ち歩いている。しかも、絶対的

にお気に入りのやつを！

山の地図を眺めながら、「この水場の水の味はどんなだろうか？」と想像するだけで、口に甘い水の香りが広がってくる。水を味わうのは、山旅の楽しみのひとつでもある。地図上に「名水」という言葉をみつけると、さらに想像力は高く舞い上がる。そこでたっぷり水を汲んで、キャンプ地へ着いたらコーヒーを淹れよう、などと。

そんな楽しみをめいっぱい膨らませたいがためにも、ペットボトルではなくお気に入りの水筒を持ち歩きたいのだ。

そういえばトレイルでは、ときどきペットボトルのゴミを見かける。ペットボトルに水がまだ入っているところを見ると、故意に捨てたんじゃなくバックパックから滑り落ちたのか、休憩したあとにうっかり忘れたのかもしれない。

お気に入りの水筒を持ち歩けば、そんな「うっかり」ゴミも少なくなるはずだ。

というわけで、僕はいくつかのお気に入りの水筒とともに、旅を続けている。

古くからフランス製のグランテトラ（赤、黄、緑）と、ドイツ製のマルキル（銀）を使ってきた。もちろん今でも現役だ。それに日本製のメーカー不明のアルミの水筒（ブルーのやつ）も気に入っている。保温ボトルはスタンレー製品に色気を感じる。最近は、スタンレーが収納棚に増殖していく。プラティパスのワイン専用水筒プラティ・プリザーブ（正面奥）は、メーカーがそれを作った心意気に乾杯したい。

## Lesson 5

### [ナイフ] 小さなものでよいからひとつバックパックに入れていこう

　アウトドアズマンの必需品といったら、昔は大きなナイフだった。ナイフこそが、冒険旅の象徴だったのだ。

　でも、それは昔の話だ。

　いまの時代、ナイフは男らしさの象徴ではない。でっかいボウイナイフを腰につけて歩くなんて、じゃまなだけだ。なりばかりがでかいボウイナイフを使う場面など、ほとんどないのだ。

　ナイフを持っていたところで、マーケットで買ってきた食材のビニール袋を切るぐらいしか、いまの時代では使い途がない。ナイフが、アウトドアライフの象徴だった時代はとっくに過ぎ去ったのだ。残念なことだけど。

　しかし……。と、僕は思うのだ。

　野外へ出かけるなら、ナイフのひとつは持ち歩きたい。ぜったいに！

　大きくなくていいから。

　きみが明日行くところは整備された登山道かもしれない。が、でもそこは、（大げさにいえば）法律のおよばないところなんだ。そんなことを確認するためにも、バックパックに小さなナイフをひとつだけ入れておこう。

#### いつも持っていくのは刃渡り55ミリのシースナイフ

　僕のバックパックにいつも入っているナイフは、和歌山の古座川流域に住む素敵な酔っぱらい親爺・小山正博さんの手作り。刃渡り55ミリのシースナイフだ。

　そして、ホットサンドを作るときは、大きめの刃渡り130ミリ。これは古い友人の形見として受けとったもの。これも、友の手作りだ。

　そうそう。いくつかの手持ちのナイフを眺めながらこの原稿を書いていたら、五寸釘ナイフのことを思い出した。

　子どもの頃、遊び道具はなんでも自分たちで作ったという記憶がある（もっとも、思い出は歳月とともに美しく塗りかえられていくものではあるが……）。

　秋の焚き火の季節になると、ぼくたち悪ガキは取り壊された家屋の廃材から五寸釘を抜いてきて、それを火の中に放り込むのだった。

　ナイフを作ったのだ。

焼いた釘をやっとこでつかみ、金槌で叩く。焼いては叩き、焼いては叩く。焚き火の火力は安定していないので、なかなか五寸釘は赤くならない。それでも、時間をかけてナイフを作ったのだ。

ある程度形ができたら、コンクリートにこすりつけ、研ぐ。コンクリートが砥石のかわりだったのだ。

そして、最後にもう一度焼き、水の張ったバケツに突っこんで、焼き入れをした。

じつは、おとなになってからも五寸釘ナイフを作ったことがある。

旅と冒険にあふれていた子どもの頃の夢はちぎれちぎれになってしまったけど、いたずら心は消えることなく、ふつふつとお腹の底のほうから沸き上がってくるものだ。

いい歳をしたおっさんが数人集まって焚き火をしながら、まっ赤になった五寸釘を叩き、丸一日をかけて作ったのだ。

ハンマーを振りおろす腕がはちきれそうになったけど、ちぎれた夢をつなぎ直すかのように五寸釘ナイフはできあがったのだ。

明日から、またまたバックパックに生活道具を押し込んで、日本の山々を歩こうと思っている。もちろん、小さなナイフをポケットに入れていく。

「食」と「遊」の道具とノウハウ

Chapter 4

ナイフを使わないことがほとんどだけど、友人が作ったシースナイフはいつも持ち歩いている。料理をする必要があるときは、130mmのちょっとごつめ(上)を持っていく。

上はご存知、肥後守。子どものときにはじめて触ったナイフだ。まん中は黒曜石ナイフ。金属が出現する前から使われていた。下は、自作の五寸釘ナイフ。ペーパーナイフとして使用。

Lesson 6

# [食料] なるべく軽く、燃料の消費が少ないものを

料理が得意じゃない僕は、もともと多くの調理道具を持ち歩かない。いろんな鍋や釜を駆使して凝った料理を作るより、簡素なコッヘルだけで作る料理を楽しむ、というスタンスを大事にしたい、という気持ちもある。

ひとり旅に限っては、食料計画はほんといい加減である。とくに、途中で食料補充ができない山岳の長旅では。飢えなければそれでいい、というのが、大前提となる。

なるべく軽く、そして調理に手間がかからない。このふたつに集約される。

調理に手間がかからない、というのは、ストーブの燃料が少なくてすむ。これは重要なことだ。

ガスカートリッジにしろ、ガソリンにしろ、アルコールにしろ、どれだけの燃料を持ち歩くか、はいつも頭を悩ませるところだ。旅が長くなればなるほど。

だから、なるべく使わないという考えにいきつく。

となると、行動食とフリーズドライ食品が主流となる。あとはインスタントラーメンか（インスタント食料もフリーズドライによって製造されたものがあるから、同じようなものだけど）。

### 小さなウッドテーブルがあるとフリーズドライも豪華に

味のことには目をつむるしかない。でも、ちょっとばかり淋しい。毎日がフリーズドライやインスタントラーメンばかりでは。

そこで、最近は小さな小さなウッドテーブルを持ち歩くようにしている。シエルブルーのウッドテーブルを組み立てると、食卓が途端に豪華になるのだ。

長い旅では、趣味や嗜好品は犠牲になっていくけどちょっとした好きな小道具があると、その向こうに小さな幸せが見えてくる。

フリーズドライ食品の味はかわらないけどね。おっと、こんなふうに書くと、一生懸命に作ってくれているフリーズドライメーカーの人が気分を悪くするか。

「すいません。なんだかんだいいながらも、お世話になっています。いつもありがとう。ごちそうさま」

長いひとり旅では、どれだけお世話になったか。味気ない食事かも知れないけれど、長い人生なんだから、そんな日々があってもいい。

器やテーブルにこだわると食事がちょっと豪華になる。湯気の向こう側に小さな幸せを感じる。

### シエルブルー／U.L Rolltop Table
天板サイズが約20cm x 30.5cm、重さ約300gと、さらにちびの約14cm×21.7cm、約155gも。

Lesson 7

## [コーヒー] 「違いのわからない男」が荒野でコーヒーを飲む理由

コーヒーを淹れるのは、ある種、伝統的な儀式のようなものだ。

袋に入っている豆を覗きこむ。豆の色が脳の味覚を刺激する。かすかな匂いが漂ってくる。

適量をとりだし、こりこりと挽く。ふたたび、匂いが鼻をくすぐる。豆を眺めたときとは、ちょっと違う香りだ。

ドリッパーにお湯を注ぐ。ぽた。ぽた。ぽた。ゆっくりゆっくり。時間をかけて蒸らせていく。膨らんだコーヒー豆から、しとしとコーヒーが落ちていく。生まれたての匂いが立ちのぼってくる。

ここまで、すでに10分前後の時間が過ぎただろうか。

コーヒーが入ったなら、あとは「どかっ」と座って、目の前に広がる景色を眺めながら、この悪魔の汁を五臓六腑に染みわたらせていくわけである。

僕は、あるときからコーヒーそのものより、淹れる工程をも含めたその時間を楽しむようになった。

それは、ほんとうにおいしいコーヒーの淹れかたを教えてくれた友人のおかげでもあるんだけど、同時に、さまざまな場面でのコーヒーの味を思い出したとき、覚えているのは味のことではなく、落ちついていく心のことだったからだ。

### 時間と香りのおかげで緊張がとけていく

若き日のあるとき、カナダの原野でものすごく高い緊張感に包まれたことがあった。そのとき、喉がからからになっていることに気がついた僕は、わざとゆっくりお湯を沸かし、コーヒーを淹れた。もっとも、そのとき持っていたのはインスタントコーヒーだったのだけれど、それでも、その時間と香りのおかげで緊張がとけていくのを感じることができた。

吹雪のバックカントリーで、下山を焦る気持ちを落ちつかせてくれたのもコーヒーだった。避難小屋へ逃げこんで淹れた一杯のコーヒーが、「なあに、耐えて待つことなんてわけもないことさ」と教えてくれた。

旅の途中、「もういやだ。すぐに帰ろう」と思ったときも、コーヒーを飲んで、もういちど考えなおす時

間をもつことで、心の平穏を取りもどしたことが何度もある。

「違いのわからない男」は、コーヒーの味よりも、コーヒーを淹れるという「時間」に救われてきたのだ。

というわけで、「出かけるときは忘れずに！」。

コーヒーは、クレジットカード以上に、僕にとっては信用（クレジット）がおけるやつなんだ。

## → おいしいコーヒーの淹れ方

### 1 │ 焙煎したての豆をその場で挽く

焙煎時期がはっきりしている豆を使おう。焙煎後すぐがおいしい豆もあれば、一週間後がちょうどいい、という豆もある（もちろん、好みもある）。焙煎時期を知っておくのは、大事なことだ。そして、豆はその場で挽くこと。袋を開けたとき、挽き終わったとき。そうした初々しいコーヒーの香りもたっぷり楽しみたい。

### 2 │ 熱すぎない湯でじっくり蒸らす

沸騰後すぐのお湯は、コーヒーを淹れるには熱すぎる。豆の焙煎度合いと好みにもよるが、80度から85度ぐらいのお湯が、コーヒーのうまみを最大限に引き出してくれる。そして、じっくり蒸らすこと。コーヒーを淹れるのはどこか儀式のような感じだ。ぽたぽたとドリップする時間が、深い味と優雅な時間を作ってくれる。

Lesson 8

# [楽器] 旅には精神安定剤が必要だ

1991年のこと。アコースティック・ギター界では圧倒的に有名なメーカーであるアメリカのマーティン社が、「バックパッカー」と名づけたギターを発表した。

この常識を破ったスタイルをもつ小さなギターは、発売当初から旅するバックパッカーよりも、ギター好きのよだれを誘ったのだ。

細身の扇形のギターは、ふつうのギターを作るときに出る端材を利用している、という話だった。

バックパッキングも好きでギターも好きな僕は、すぐさま楽器屋へと走ったのだ。

手に入れたギター(バックパッカー)は、弾きづらく、音量は小さく、音もしょぼい。それでも、うれしくてうれしくて、いろんなところへと連れ出した。

旅の途上、自分のためだけ、あるいはとなりにぴったりとよりそって座る人のために存在意味のあるギターだ。

そのあとすぐの沖縄から奄美アイランド・ホッピング(島から島へ)・シーカヤッキング旅へ行くとき、僕は防水バッグに入れたこいつを忍ばせていった。

「スペア・パドルだ」といって……。

出かけるときには楽器を持って、ということをあたりまえにしてくれたギターである。

いま思えば、「トラベル・ギター」と呼ばれるジャンルを世に確立したのもこのギターだ。

### 北海道一周に積み込んだのはヤイリの「ラグ」

そして、1990年代の終わり。

ふた夏に分けて、シーカヤックで北海道を一周したことがある。それは、のべ約100日にわたる旅だった。

早朝に起き出し、テントを片づけ、出発の準備をしてカヤックを漕ぎ出す。昼過ぎには到着した海岸がその夜の停泊地となる。そんなふた夏を過ごしたのだ(旅の最後は秋になり、雪が降った日もあった)。

そのときも僕は、カヤックの中にギターを積み込んだ。

このとき持っていったギターはバックパッカーではなく、ヤイリ(海外でも有名な日本のアコースティックギターメーカー)の「ラ

グ」というちょっと小ぶりのギターだ（カヤックで北海道を一周した人は何人もいるけど、カヤックに乗って一周したギターはほかにはないだろう）。

バックパッカーにしろヤイリのラグにしろ、ギターを積みこんだのはほんの冗談のつもりだった。でも、あのときギターを持っていかなかったら、旅は成就しなかったかもしれない、といまになって思うのだ。

長い旅には、精神安定剤が必要だ。

無駄だと思われるものを持ち歩くと、旅に新しい摩擦が生まれることもある。目的に応じていない道具を持っていくことは、旅をちょっとばかり違う方向へ向かわせるのだ。

ときには間違った方向へいくこともあるけど、その無駄も愉快な経験のひとつになる可能性もある（邪魔なだけのときも多々あるけど）。

だれかに話しかけたいのに、話し相手がいない夜。そんな夜には、ブルースが必要だ。話し相手がいれば、だれもブルースなんてうたわなかっただろう。ひとりの夜をFacebookやメールなどで台無しにしたくない僕は、持ってきた楽器に手を伸ばす。楽器は、気持ちを平らにしてくれる。ひとり旅の夜には、つくづくブルースを感じるもんだ。古くから、歌はそんなふうにして生まれてきたんじゃないかな。

ひとり旅だと、歌や演奏がどんなへたくそでも、笑うのは森のムササビぐらいである。

### ギブソン／L-3

なんと100年ほど前に作られたギターだ。いくつかの補修のかいあり、傷だらけの枯れ果てた音で響く。心地いいギターだ。

### カマカ／8弦テナーウクレレ

ハワイの老舗ウクレレメーカーの100周年記念モデル。アロハな旅の日々が過ごせるんじゃないか、と持ち歩いている。

### ナショナル／リゾネーターウクレレ

アメリカの老舗リゾネーター（共鳴板）ギターメーカーが作ったウクレレだ。内蔵のアルミ共鳴板が音を増幅してくれる。

### メーカー不明／
### バンジョーマンドリン

わが家へやってきたときは、悲惨な状態だった。ヘッド（皮）を張り替え、ペグを取り換え、あれもこれもといじり倒してよみがえらせた。

「食」と「遊」の道具とノウハウ

Chapter 4

### ギブソン／
### UB-1

これもまた古いバンジョーウクレレだ。そして、これもまた補修を繰り返してよみがえった。ケースも桐材で自作したのだ。

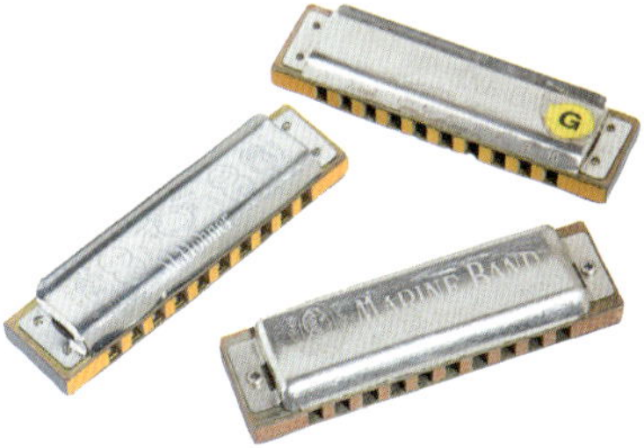

### ホーナー／
### マリンバンド＆ブルースハープ

ハーモニカは、ドイツのホーナー社の音が好きだ。ウッド・ボディは太い音がする。荒野を走る汽車のような音が出せるといいな。

Lesson 9

### [記録道具] 文字を書く瞬間に「襟を正す」感じがするので好きだ

　旅へ持ち歩くグッズとして、いまやデジタルカメラが当り前となった。

　旅の記録を残す方法として、写真は楽しく、かつ現実的だ。

　カメラ本体も気軽な機種から本格派まで種類も豊富だし、バッテリーのもちもいい。煩わしかったフィルムの管理も必要ない。

　それに携帯電話に当然のごとく高機能なカメラが装備されていることが多いので、わざわざカメラを持っていかなくてもいいぐらいかもしれない。

　最近では、ビデオもかんたんに取れるから、旅の記録を動画に残す人も多い。

　そしていままでは、写真や動画をブログやSNSにあげることで、多くの人に見せることができる。

　自分のため、あるいは家族や知り合いに見せるためだけの記録（撮影）ではなくなった。写真の在り方が様変わりしてきたのだ。

　ひとり旅となると、やはりセルフタイマーの登場となる。いまの言葉でいえば、「自撮り」か。

　ちまたには、自撮りのためのいろんな道具もある。

　さて、人はいったいなんのために自分を撮るのだろう？

　僕も何度もやったことがある。セルフタイマーを駆使して、いろんな写真を撮ってきた。家に帰ってその写真を見て、うぬぼれもしたし、うんざりしたこともある。

　ただ、自撮りはもういいんじゃないか、といまは思っている。

　自己陶酔がだめだといってるわけじゃない。ナルシシズムが悪いといっているわけじゃない。

　自撮りの写真（動画も）を人に見せることへあまり熱心になると、その旅のほんとうの目的がなんなのかを忘れてしまいそうになるからだ。

「Cool but Natural（かっこよく、かつ自分らしく）」を信条にしている僕は、「かっこ悪い」と思っていることが3つある。

「知識のための読書」、「健康のためのスポーツ」、「経験のための旅」。この３つだ。

　最近は「人に見せるためのひとり旅」という項目を追加しようかな、と思っている。

## 山ではロディアのA6と
## ペリカンの子ども用万年筆

カメラはリアルに記録を残してくれるが、ノートとペンもまた旅の記録と記憶のための重要なアイテムだ。

最近の僕は、カメラよりこのアナログな道具に記録と記憶を頼っている。圧倒的頻度で。

だからこそ、ノートとペンには愛着がある。そして、いまはいつも同じものを使っている（もちろん、過去にはいろんな遍歴があったけど……）。

ノートは、フランス製のロディア。街中では、A5サイズのものを。そして歩き旅では、その半分のA6サイズを。

ペンは、万年筆と決めている。

これも山と街では、違うやつを使っている。街での打ち合わせのときには、ちょっといいやつを。山では、ペリカン「ペリカーノ・ジュニア」だ。

この万年筆は、名前からもわかるとおり子ども向けに作られたものだ。ドイツの子どもたちが最初に手にする万年筆がこれ、といわれている。グリップには3つのくぼみが設けられ、使っているうちに正しいペンの持ち方が身につく、という。

でもほんとうのところは、ドイツの老舗メーカーが「子ども心を失わないおとな」のために開発した商品じゃないか、と僕は睨んでいる。

色も楽しい。

しかしながら、万年筆ほど山と相性の悪い筆記道具はない。標高が高くなると気圧の変化で、インク漏れすることがある。万年筆キャップの中にインクがあふれ、手はロイヤルブルーに染まってしまう。ひどいときには、ペンを入れておいた袋が青くなっている、なんてことも。

それでも僕は、かたくなに万年筆を使っている。

万年筆を使うと、たとえそれがほんの覚え書きであっても、文字を書

どこへ行ってもこの写真を撮る。わがセルフポートレイトである。

く瞬間に「襟を正す」みたいな感じがするので、好きだ。

そういえば、アメリカのとある山のキャンプサイトで、いつものようにロディアのノートにペリカンの万年筆でこしこしとメモをしていたら、若いアメリカ人が「クールだな。そのマウンテンペン」と話しかけてきた。

マウンテンペン（山筆）とはおもしろい表現をするやつだな、と思ったけど、なんのことはない、彼はファウンテンペン（万年筆）といっただけのことだったのだ。

## → 街でのノートとペン

ロディアのノートとウォーターマンの万年筆は、街での必需品。ノートのサイズは、16（A5判）。革のカバーは友人に作ってもらった。

# → 山でのノートとペン

### a. ロディア／ブロックロディア No.13

山でもロディアのノートを使っている。サイズは小ぶりの13（A6判）。メモの字が大きいので（僕の癖だ）、旅の途中はどんどんページが進んでいく。すぐにページが尽きてしまうんじゃないか、と不安になるほど。絵が描ければ、メモ帳はさらに楽しくなるんだろうけど。

### b. 革製のペンケース

このペンケースも友人に作ってもらったものだ（左ページのカバーを作ってくれた人とは別の友人）。3本のペンが入る仕様なので、2本のペリカーノと赤鉛筆を入れている。旅へ持ち歩くときには、このペンケースとロディアのノートをまとめてゴムでとめている。

### c. ペリカン／ペリカーノジュニア

名前からもわかるとおり子ども向けに作られた万年筆。書き味は軽くて、ノートの上をすべる。気取った感じがまったくない。気難しさはない。しかし、万年筆としての威厳をもっている。色はポップだが、これを手にするとやはり背筋がすっと伸びる文房具である。

**Lesson 10**

## [画材道具] 自分のなかに新しい目がひとつできる気がする

　ある日あるとき、古い友人である伊東孝志画伯と旅へ出た。

　伊東画伯は、南の島より流れ着いたココナツのような体型と風貌で、水彩の落書きを糧として日々をさまよっている人だ。ひとりでふらりと旅へ出るのが好きで、シンプルなキャンプ道具と食料を積みこんで、シーカヤックを漕ぎ奄美の島々を渡り歩いたりもしている。

　大きな客船にはかならず楽団が乗っているように、伊東画伯のその荷物のなかには、コンパクトな画材道具とクロッキーブックが入っている。それは商売道具でもあるんだけど、そんなことより旅の楽しみのために、という色が圧倒的に強い。

　僕もまた、それをまねてまったく同じ画材道具を買いそろえバックパックに忍ばせてきた。同じ景色を前に、同じ道具を使えば、同じような絵が描けると思ったのだ。

　なんたって伊東画伯は、「丸いものだからといって、丸く描く必要はないんだよ。四角だっていいし、三角だっていい。自分が感じたように描けばいい」という。

　「いま感じている驚きや喜びをすぐにでも書きはじめたいから」と、下描きはなし。五感を通して感じるままに筆を走らせることが、絵を描く喜びであり楽しさなのだ、と。

　そして、「クロッキーブックの上では、木や空や雲などを自由に動かせるから、まず自分の好きなものを好きな位置に描いていけばいいよ。大きさも変えたっていいんだよ」と、自由に描くことを強調する。描く人の価値観と想像力をフルに発揮して絵筆を持てばいい、ということだ。

　伊東画伯は、正確に描写をするべきところと、感覚に頼って大胆に変えていく楽しさを、絵を描きながら伝えてくれたのだ。

### 風景の奥に、物語がある

　「それなら、おれにも描けそうだ！」と、思うじゃないか。

　結論からいってしまえば、やっぱり僕にはなにも描けなかった。メッシと同じスパイクを履いても、ドリブルがうまくなるわけではない。そんなことはわかってるけど。

　しかし、絵を描こうとしたことで、

ひとつのものをじっくり見る、というときを過ごせたのである。自分の目でしっかりものを見つめ、自分の感覚でその景色を表現していくことを、その時間は教えてくれたのだ。

時間をかけ、静かに万物を見つめていると、自然はいろんな姿を惜しげもなく見せてくれる。とくにひとり旅では、それが顕著だ。

なるほど。ひとつのものを時間を気にせずじっくり見つめる、なんてことを近年は、すっかり忘れていた。

大きな自然を前に座りこんでいると、やがて、いままでは気がつかなかった細部が目に飛びこんできて、さらにはその風景の奥にひそむ物語が感じとれるようになってくる。

絵を描くというその行為のおもしろさは、こうした時間を過ごせるというところにあるのかもしれない。

目に見えているその向こう側にある物語を感じ取ることから、絵を描くという作業がはじまるのだ。絵の道具をポケットに入れて旅をすることで、自分のなかに新しい目がひとつできたような気がしてくるのだった。

伊東画伯と南の島を旅したとき、彼は興味があるものを見つけるとクロッキーブックと絵具を取り出し、どっかり座りこんで絵を描きはじめる。僕はすぐ横で、その絵を肴にビールを飲むのだった。

### ウィンザー&ニュートン／コットマン・フィールドボックス

「この画材道具と出会ってから、旅先で絵を描くことが当たり前になった」と、伊東画伯。今日もどこかの空の下に座りこんで描いていることだろう。

Lesson 11

# [自作道具] 手作りグッズはコミュニケーション道具でもある

「根気」とか「忍耐」とかを母親の胎内に忘れたまま生まれ出てきたわたくしである。なので、こつこつと物を作るのが、ほんと苦手だ。

でも、人は自分が苦手なことにあこがれを抱くようで、「手仕事」でものを作る人をいつもまぶしい目で見てきた。

そんな人たちを見ていると、「僕にもできるんじゃないか！」と勘違いしてしまうのだ。

というわけで、試してみては失敗する、という行動を繰り返してきた。

しかし、「失敗は成功の基」という言葉もあるように、ときには成功もある（ほんのときどきだけど）。

で、たまに成功するもんだから、うれしくなってつぎを作ってまた失敗して、懲りずに次を作ってまた失敗。と、やはり失敗を繰り返すのであった。

道具を手作りする人たちの中には、「欲しいものがないから自分で作る」という人も多い。その気持ちもよくわかる。僕も、そう思っていろいろと作ってみた。

ただ僕の場合の手作りは、どうやらそれだけではないようだ。

はじめに書いたように、やはり自分でものを作れる人に圧倒的あこがれがあるのだ。

### 木のカップをバックパックにぶら下げてみると……

あるとき、木のカップとスプーンを作ってみた。

カツラの木を彫刻刀でこつこつ削り、すりすりとサンディングをし、仕上げにクルミオイルをたっぷり塗った（カップの内側は、はじめにプロの木工作家に旋盤で削ってもらった）。

コーヒーを入れてもワインを入れても、ほんのりと木の香りがたちのぼる。落ち着く匂いが、鼻と心をくすぐるのだ（まったくの自己満足だけど）。

で、調子に乗った僕は、この木のカップをこれ見よがしにバックパックにぶら下げた。山で見せびらかしたのだ。

すると、それをみつけた人が話しかけてくる。

「牛は牛連れ、馬は馬連れ」ということか。手作りが好きな人は手作り

道具を目ざとく見つけて、話しかけてくれるのだ。

　手作りグッズは、コミュニケーションを生む道具にもなる。

そんなこともうれしさのひとつとなり、わが「手仕事」人生は、日々失敗を重ねながらも脈々と続いていくのである。

「食」と「遊」の道具とノウハウ

Chapter 4

カツラの木のカップ、南の島で拾った椰子の実を削って作ったカップ、それにコースターや箸にスプーン。これらは、たまたまの成功例だ。これらの陰には、膨大な数の廃材と化していった失敗作がある。それでも懲りず、木をいじっているとなにか形にしたくなってくる。

孟宗竹で作った、iPhone用のアナログ音響増幅筒である。近くに置くと、柔らかさとやさしさがあふれた、手で触れそうな音楽が聴こえてくるのだ。

## コラム3

# カングーで見る夢

　男は、隠し事があるときは多くを語らない、という習癖をもっている。家人に背を向けトレッキングシューズを磨きながら「週末、山へ出かけるから」などと、ぼそっと呟いたりすると、もう圧倒的に怪しいのだ。

　高倉健さんなどはもともと寡黙な人だから、黙っていても疑わしくはないのだが、いつもへらへらしている僕の口数が減ると、「あっ、隠し事をしているな」と、すぐにバレてしまうのである。そこで最近は、バレる前に隠し事といっしょにさっさと逃げだす、という作戦を考えだした。

　相棒は、移動式隠れ家であるルノーカングー。

　花屋さんの車と間違えられることも多いカングーだが、この明るいイメージの車が、隠し事を満載して走っているとはだれも思うまい。ほんとうのところは、隠し事を燃料として走っているのだが……。というと、まるで隠し事だらけの人生のようだが、そもそも人間は隠し事を糧に生きている動物なのである。そう、「隠し事」。それは、いいかえれば「夢」なのだ。

　試しに、ここまでの文章の「隠し事」という言葉を「夢」、あるいは「夢を見ている」と置きかえて読んでみてほしい。

　隠し事を満載した移動式隠れ家とは、夢のヴィークルなのである。

　今日やってきた秘密のフィールドには、耳もとにくすぐったい細い流れの川があり、日が暮れると、その水から生まれ育ったホタルが舞いはじめる。

　明日の早朝、僕はこの移動式隠れ家を出発点に、自然の懐奥深くへ向かって歩きはじめる。隠れ家は必要なんだけど、隠れ家から出ていくことこそがもっともっと重要なのだ。

　人は隠れ家からはなれればはなれるほど、自由になれるからだ。

Chapter 5

# 自分らしい旅へ

## Lesson 1

## → [ウラヤマハイク] 東京ウラヤマ・ロングトレイルを歩く

　歩きはじめると、いつものように「どこへ行くかはわからないけど、たったいまドアを開けたところ」という感覚に、全身がつつまれる。

　でかいバックパックには、一週間分の荷物が詰まっている。いや、それだけじゃない。夢と自由ではちきれそうになっているのだ。

　しかし、……。

　旅立ちの地は、高尾山のケーブルカー乗り場である。それほどの憧憬が浮かぶ場所でもない。

　いずれにしても、この荷物の大きさは目立つ。ここ高尾山では特異だ。

　何人もの人が、アマゾンで発見された新種のほ乳類を見るかのように振りかえる。

「どこまで行くのですか？」
「いや、ちょっとウラヤマへ」
「えっ、ヒマラヤですか？」
「いや、だから……。ウラヤマへ」

　てな会話になるのである。

　このようにして、「東京ウラヤマ・ロングトレイル」のスルーハイクがはじまった。

　いずれにしても、一週間分の必要最小限の生活道具をバックパックに放りこんで、つぎの山のそのまた向こうを目指す。それが明日も、そのつぎの日も、そしてそのつぎの日も続くのだ。

　その旅立ちがケーブルカーであっても、心踊らないわけがない。

### 東京にもロングトレイルがある

　東京の郊外には、裏山と呼べる山が連なっている。

「やあ！」って、気軽に声をかけたくなるような身近な山々だ。

　そして、その山々を縫って続くトレイルはいくつもある。そこで、この裏山街道を僕は「東京ウラヤマ・トレイル」と名づけた（勝手に）。

　北、中央、南アルプスは、スケールも大きく、景色もでかい。歩きたいルートはいっぱいある。何度訪れても、おもむき深いところだ。

　が、東京に住む人間にとって、日本アルプスは、週末に「ちょっと気分転換に」という山ではない。季節を選ぶ山だし、日帰りはきびしいし、天気にも左右される。ちょっとばかりハードルが高いのだ。

　そこでもっと身近で、しかし自

然の色も濃く、500メートルから2000メートルの山をもつ東京のウラヤマ・トレイルをなるべく多く歩こう、と思いたった。

紀ノ国屋にブランド野菜を買いにいくんじゃなく、近所の八百屋さんへ旬のものを探しにいく感じで。

しかし、あなどるなかれ。

最高峰の雲取山は、2017メートル。じゅうぶんに、懐の深さと脅威を合わせもつ高さである。夏でも荒天にぶつかると凍えるし、冬には雪山の装備が確実に必要だ。

さらには、地図を「じっ!」と眺めていると、ロングトレイルが見えてくる。東京ウラヤマにも、スルーハイクなら一週間近くかかるような長い長い道がある。

ロングトレイルの起点は、高尾山。そこから景信山への尾根沿いに行くと、トレイルは東京都と神奈川県との県境となる。その県境の尾根をさらに突き進んでいく。

その先、三頭山を越えると一度奥多摩湖へおりる。そして、つぎは最高峰の雲取山を目指してふたたび稜線を登る。

雲取山から先は、埼玉県との県境の長沢背稜を東へ東へと歩く。

これぞ、「東京ウラヤマ・ロングトレイル」だ!

トレイルには、自然が色濃く残っている。生息するほ乳類は、40種を超える。トレイルのはずれに、ツキノワグマの痕跡を何度か見たこともある。ニホンジカやカモシカに出会うことはよくあるし、運がよければテンが大あわてで逃げていく姿を目にすることもできる。木の上には、リスやムササビが遊んでいる。

1300万人もの人口を抱える大都市のすぐ裏側に、そうした山々があるのだ。

1回目の一週間におよぶ東京ウラヤマ・ロングトレイルの装備。バックパックは、グレゴリーのサヴァント58(現在は生産終了)。容量=58ℓ。遊び道具がひとつもない。余裕がないなぁ。

日本のロングトレイルである信越トレイルや高島トレイルにおとらず、「東京ウラヤマ・ロングトレイル」は、世界（！）に誇れると僕は思うのだ。このロングトレイルを、黙って見過ごす手はない。

　じつは、このルートをスルーハイクするのは2度目だ。

　2度目の今回は、初夏ということもあり、ハンモックを持ってきた。ヘネシーハンモックだ。気持ちのいい場所をみつけたらひっそり寝泊りしよう、と考えたのだ。

　高尾山から三頭山にかけてのトレイル周辺は、キャンプ禁止場所がほとんどだ。三頭山には避難小屋があるが、高尾山から1日で歩くには距離が長すぎる。

　そこで、トレイル脇の森の中で、こっそりビバークしようと思っている（と、ここで発表していいかどうかは迷うところだけど、ま、このことは、みんな黙っておいてよ）。

　はじめの2日間は、富士山がずっと見守ってくれている。

　「今度は、丹沢の山々を越えて富士山までのロングトレイルをスルーハイクするかな」などと考えてしまうほど、富士山が「おいで、おいで！」と目線を送ってくるのだ。

　ハンモック・ビバークと三頭山の避難小屋泊の2泊3日で、奥多摩湖へ下りることになる。奥多摩湖への下りるルートは、いくつもある。が、どのルートも奥多摩湖へ落っこちていきそうなほど急な下りだ。足もとにばかり気をとられる。滑ってばかりなのだ。

　奥多摩湖は、このロングトレイルの中間点となる。湖周辺には宿もあるし、買い出しもできる。バスに乗れば、都会へ帰ることもできる。

　それにしても、ここまでのルートに2箇所ほど、キャンプが可能な場所を作って欲しいところだ。そうすれば、多くの人が高尾山から奥多摩湖への縦走を楽しめる。今度、東京都と神奈川県へ提言してみようかな。

### だれもが夢見る 楽しい尾根歩き

　奥多摩湖で、気持ちと身体を一度リセットし、雲取山への長い尾根を登る。奥多摩湖の標高が500メートルちょっとだから、標高差約1500メートルの登りとなる。

　鴨沢からの登り尾根と呼ばれるルートは、徐々に標高を上げていく。ゆっくりとだが確実に仕事をこなす律儀な雪国の農夫のように。

　ここは、人気のルートでもある。

　若い人たちもいれば、おじさんもいる。おばさんもいる。小さな子ど

もを連れた家族も歩いている。

　やるな、雲取山。

　ぼくもまた一歩ずつ足を進めていく。とともに、気分が高まってくる。

　高い山へ登ると、天国へ近づいている、という気がしてくるのだ。「ハイカーズハイ」とでも呼ぶべきか。七ツ石山から雲取山を見ると、これから歩いていくだろう尾根筋が山頂へ向かって伸びているのがよくわかる。ここからの景色は、「だれもが夢見る、楽しい尾根歩き」の見本だ。

　やがて、東京ウラヤマ・ロングトレイルの旅は、最高峰へと到達した。

　ここからは東京が丸見えだ。

　今夜は、雲取山山頂の避難小屋泊。

　朝。初夏だというのに、背筋をまっすぐ伸ばせないような寒さがおそってくる。さすが、雲取山。

　雲取山からは、埼玉県との県境を歩くことになる。旅の初日の途中から、右足は東京都、左足は神奈川県と歩いてきた。そして2日目から、左足は山梨県を踏んできた。ここに来て、左足は埼玉県である。

　雲取山から長沢背稜へ入ると、出会う人もいない。人の気配が感じられなくなるのだ。

　ほんとうに、ここは東京なのか？

　ふと、日曜日の真空地帯のような都心を思い浮かべた。が、こちらの景色は、もっと現実的だ。シカが、僕に驚いて逃げていく。

　今日も1日を歩きとおして、天目山の肩に立つ。そして、一杯水避難小屋へ。

　毎日毎日が、遠くに見える山を越えて歩く日々だった。ふり返ると、歩いてきた山々がはるか遠くに見わたせるのだ。重い荷物と長い距離のせいで、骨がきしみ、筋肉も悲鳴を上げてしまったが、心は暖まる。

　明日はどこへ下りるか。地図を眺めていると、サイコロを振ってルートをきめようか、という気分になる。天気もよさそうだし、さらに歩き続けてどこかでもう1泊しようかな。

　東京のウラヤマのロングトレイルに、僕は「自由」を見つけたのだ。

　夜空を見上げると、月の手前を雲が走っていく。旅の初日には半分だったお月さんが、いまでは大きく育ち、東京の山々を照らしているのだった。

ウラヤマ歩きで、わが生息地を見つめなおす。

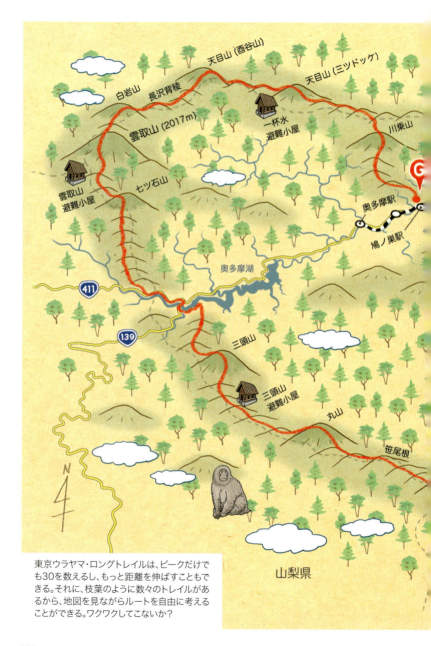

東京ウラヤマ・ロングトレイルは、ピークだけでも30を数えるし、もっと距離を伸ばすこともできる。それに、枝葉のように数々のトレイルがあるから、地図を見ながらルートを自由に考えることができる。ワクワクしてこないか？

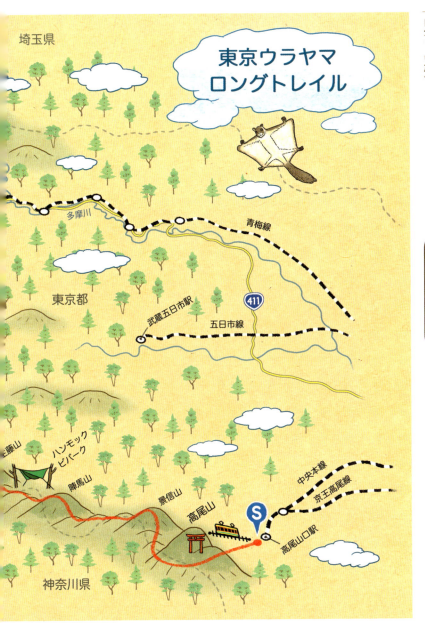

Lesson 2

# [アニマルトラッキング] ムササビの暮らしを覗き見る

　もともと夜型の人間だからかもしれないが、ある日あるときから、僕は夜の山を歩くのが好きになった。山といっても低山だ。東京なら、たとえば高尾山とか陣馬山とか景信山とか。

　それも、満月の晩がいい。

　まん丸のお月さんは、話しかけるのにちょうどいい相手だ。それに、月明りの下、ヘッドライトなしで歩けるのである。

　月の光に照らされていると、狼男になったような気がするところもいい。

　そして、夜に歩くもうひとつの理由は、ムササビだ。夜は、ただ歩くだけじゃなく、低山に住むムササビを探しながら歩くことが多い。

　ムササビは、本州、四国、九州に生息する日本固有種のほ乳類だ（北海道や本州の高地には、ひとまわり小さいモモンガが棲む）。

　初めてムササビを見た夜、淡い影が木から滑空してきたのを見て、ちぎれた夜が空から落ちてきたのか、と僕は思った。両手両足を広げたムササビは、座布団ほども大きさがあると知らなかったのだ。

　夜行性とはいえ、昔から日本人とはかかわりの深い動物なのだ。

　鞍馬寺の天狗伝説はムササビから生まれた、といわれている。ムササビと遭遇した昔日の人は、正体不明の物体を天狗と名づけたのだ。

　それに、ムササビは直径３ミリ前後の正露丸のような糞を樹の上から降らせる。それらが葉っぱに当たるとバラバラと音がする。これが妖怪「砂かけばばあ」の正体だったのでは、ともいわれている。

### 正露丸状の糞が落ちていたらムササビがいるかも

　ムササビは、日没後30分くらいでねぐらから外へ出かける。ムササビの１日がはじまるのだ。

　日没前に山にいるときには、ムササビがねぐらに使っていそうな場所に目安をつけておいてその下で待つ、という手がある。

　けやきや杉などの大木に直径10センチ前後の穴を見つけたら、それはムササビのねぐらの可能性がある。ムササビは、自然にできたむろやキツツキなどが開けた穴をねぐらに利

用している。

でも、いつも同じ場所とは限らない。決まった家をもたない習性なのだ（夜行性で、空を飛ぶことができ、自由で、放浪癖をもちあわせている。僕はムササビに生まれるべきだった）。

その木の根本に正露丸糞を見つけたなら、そしてそれが新しいものなら、まずムササビが入っていると考えていい（ようするに、今朝早くねぐらに入る前に用をたしたのだ）。

その下でじっと待っていると、やがて巣穴から出たムササビは、「グルルルー」とけっして上品とはいえない鳴き声を上げ、がに股気味の後ろ足を蹴るように動かし幹を駆けのぼる。

みずからの夜遊びの場所へ向かって、滑空していく。

滑空の速度は、夜空にぼんやりとした残像が浮かぶほどゆったりしている。小さなテーブルをはさんだカップルが、熱いコーヒーを手に、昨日のできごとを語りあっているようなスピードである。

じつは、数年前（2013年）から、神奈川県南足柄の「ezBBQ COUNTRY」キャンプ場やその周辺の森に、ムササビの巣箱を設置している。日本の森から大木が少なくなり住宅難を強いられているムササビの役に立てば、という思いからだ。

いまでは、キャンプ場周辺の森はムササビたちの格好の遊び場となっている。

彼らの暮らしを、今度こっそり覗きにいかないか？

あわてんぼうのムササビが、まだ明るいうちから顔を出した（右）。僕もおどろいたが、もっとびっくりしたムササビは目を見開いて巣穴の奥へ。そして日没後、ひらりと飛んでいった（上）。

## → ムササビの見つけ方

糞の落ちている木の上の穴を赤いライトで照らして探す。

赤い下敷きを切って、ライトにはめ込んでいる。

ムササビなどの夜行性動物の観察には、動物をおどろかせないよう赤い色のライトがいい。ストロボでの写真撮影などは大迷惑だ（動物にとって）。

幹に直径10cmほどの穴があいていると、ムササビなどが巣穴に利用している可能性がある。穴を探す変な癖がついてしまった。

ムササビは葉を半分に折って食べる。対称に齧られている葉っぱが何枚も落ちていたら、その頭上はムササビの食卓である。

# 山で見かける動物の痕跡

**クマ棚**
里山にもクマの痕跡は意外と多い。ツキノワグマは木に登って実を食べるとき枝を折って尻に敷く習性がある。その跡がクマ棚となる。

**クマの爪痕**
木登りが得意なツキノワグマは、木肌にがっしりと爪を食いこませて木を登る。木肌を注意深く探すと、ときどき見かける。その爪の鋭さに、「ぞっ!」とする。

**リスとネズミの食痕**
硬い殻のクルミを食べるとき、ネズミはその小さな口でガリガリと正面突破で穴をあけていく(左)。それに対してリスは、縫合線に沿って歯を差し込み割って食べる(上)。また、リスはマツボックリの周囲をガリガリかじるので、芯の部分だけが食痕として残る(写真上の上)。

## Lesson 3

### [巨木ハイク] 巨木の森は「分相応に生きろ」と教えてくれる

　金袋山の山麓に立つミズナラは、推定樹齢が800年だという。当たり前のことながら、8世紀ものあいだ、ずっとここに立っているのだ。

　800歳といえば、鎌倉時代に生まれたわけだ。ということは、そのあとの戦国時代や鎖国を貫いた江戸時代。いくつもの戦争や大震災はもちろん、経済成長の代償といわんばかりに日本人が山河を凌駕してきたことなどなど、時代時代の喜怒哀楽をここからずっと眺めてきたわけだ。

　樹齢800年の巨木というと、さぞかし秘境にある森のさらにその奥に潜んでいる、と思うかもしれないけど、このミズナラは東京の奥多摩の森にたたずんでいる。

#### ジャイアント・セコイアは 3000年生きる

　アメリカ・カリフォルニア州のヨセミテ・ナショナルパークの南には、マリポサグローブと呼ばれるジャイアント・セコイアの巨木がそびえる森がある。

　ヨセミテバレーの喧噪とは裏腹に、とてつもなくでかい静かな空間が広がっている。

　ビッグツリーとも呼ばれるジャイアント・セコイアは、幹が太く根もとの直径が10メートルを超えるものも多い。この木は長生きで、3000年も生きる、というのだ。

　森に入っていくと、大地に足を踏ん張って、こぶしを振り回しているかのような木々がそこここに林立している。見上げる木の高さに首が痛い。

　音も木に吸い込まれてしまうようで、風の音や人の話し声も響かない。

　木肌には何か所も焦げ跡がある。山火事があると下草や他の低木は燃えてしまうが、火に強いセコイアは木肌が焦げるだけで燃えることが少ない。

　しかも、ジャイアント・セコイアの種子は、コーン（マツボックリ）の中に入っていて自然に開くことがない。コーンは火事によって開き、種子が落下するという。

　山火事があるほどに、森はジャイアント・セコイアの聖域となっていくのだ。

　またあるときは、ニュージーランドの北島に広がる太古の森を歩いた

こともある。固有種カウリの巨木が並ぶ森だ。

そして、長野県の鍋倉山には、ブナの巨木「森太郎」と「森姫」が、知恵にあふれる年老いたきこりのように、じっと立っている。

### 謙虚さを忘れかけたら
### 巨木の森へ行けばいい

巨木の森を歩いていると、だんだんと小人になったような気がしてくる。もしかしたら、世界各地にあるという小人伝説は、大きな木のある森に生まれた話ではないだろうか。

巨木の写真を撮ろうと、いろんな角度からカメラのファインダーを覗いてわかったことは、大きな木を大きく見せるということは、自分がいかにちっぽけなものかをあばくように撮ることが必要だ、ということだった。

巨木は、人間がいかにちっぽけかを、あばくために立っている。

謙虚さを忘れかけたら、巨木の森へ行けばいい。

巨木のそばに立つと、自分を少しでも大きく見せようと、背伸びをして暮らしている日々が、まったくばからしく思えてくるのだ。

マリポサグローブでの夜、僕は大きな木に囲まれたキャンプサイトに小さなテントを張った。

隣のサイトにはロック・クライマーのカップルが、音もたてずに食事を取っている。挨拶とともに、ほんの少しの会話を交わす。ふたりは「明日からエルキャピタンを登るんだ」という。

森に似合う静かなしゃべり声と、無駄のない動きは、そよ風に吹かれている枝葉のように心地いい。

新月の暗い夜だった。見上げると、空へ向かう木々のすき間をびっしりと星が埋めつくしていた。風もなく、寒さは感じない。

僕は、テントから上半身を出して寝ることにした。深夜になると、伸びをするかのように、樹々はまっすぐに空高く手を伸ばしていた。

こうして僕は、巨木の森で幸せな時間を過ごすことに成功したのだ。

# → おすすめの巨木の森

## 金袋山のミズナラ

意外や奥多摩には巨木が多い。ミズナラのほか、ヒノキ、イヌグス、イチイ、カシ、コナラ、トチノキなどの巨木を見ることができる。2012年撮影。登山道へ至る小川谷林道は落石のため現在通行止め。2017年11月に開通予定。

## 鍋倉山のブナ

2006から2007年のひと冬を、鍋倉山山麓の集落で暮らした。雪の中、何度も巨木の谷へさまよい入り、ブナの大木に抱きついた。

自分らしい旅へ

1999年、3か月にわたったアメリカさすらい旅では、いくつもの巨木の森を歩いた。セコイアやレッドウッドの大木に、何度もため息をついた。

## Lesson 4

## → [トレイルヘッド前泊登山] 富士山山頂で最敬礼

　九合目あたりになると頂上を目の前にひかえ、スプレーを口へあて、何度も何度も深い息を繰りかえしている人たちがいる。

　携帯酸素ボンベの酸素を吸っているのだ。3000メートルを越え、空気が薄いのである。その光景を不思議そうに見ていると、同年配の男の人が、「どうですか？」と、酸素ボンベを貸してくれた。酸素不足の顔をしていたのだろうか。危険物を扱うように、僕はボンベをそっと受けとり、2～3度、酸素を深く吸いこんだ。楽になったといわれれば、そんな気もする。気休めだといわれれば、そうかなとも思うし。「違いのわからない男」は、3000メートルを越えた場所の空気も酸素ボンベの酸素も、同じなのだ。

　そうなんだ。僕はいま、富士山の頂上直下にいる。

　富士山をウラヤマと呼ぶには、ちょっとばかりおこがましい。でも、天気がいい日には、僕が住んでいる町からもその姿がよく見える。距離ははなれていても「今年は雪が早いな」などと、季節を感じさせてくれる山である。

　ゆえに、僕にとってはウラヤマなのだ。

　7月某日。早朝から歩きたかったので、トレイルヘッドで車中泊をすることにした。

　トレイルヘッドでの車中泊は、朝早くから行動したいときに、よく使う手だ。山あいの静かな駐車場でかんたんな夜食を取り、のんびり過ごしてから車内に広げた寝袋へもぐりこむ。たいていのトレイルヘッドは、便所も水場もある。それに、夜には人の出入りがほとんどない。

　が、富士山は違った。夜の8時ごろだが、駐車場は人と車でいっぱい。何人もがヘッドライトをつけて歩きだしている。ご来光を頂上で、という人たちが歩きだす時間なのだ。

　何時になっても、車と人の出入りが激しかった。来る人がいれば、帰る人もいる。富士山山麓の駐車場は、24時間営業のショッピングモールのように騒々しい。

　ゆっくり眠れたのかどうか……、という夜だったが、それでも日の出少し前には起き出し、ブーツのひも

を締め、歩きだすことにした。

早朝。

梅雨が明け、日本列島に夏の太平洋高気圧が大きく張りだしている。気圧配置は安定している。悪いことはなにひとつ起こらない。そんな青空の下を歩きだした。

天候の心配があるとすれば夕方からの雷かな、と思ったら、下界で重低音が響きわたった。

早くも雷か。まだ午前中なのに。稲妻が走るなか、山肌を逃げるように歩くのだけは避けたいものだ。

と、なんのことはない。それは自衛隊の演習であった。世界文化遺産のすぐ横で演習がおこなわれている、というその現実に、ちょっとばかり気分が重くなる。

でもそんなことより、今日1日は富士山の山肌にまとわりついてもがく自分を、めいっぱい楽しもうではないか。

### 多種多様の人たちが
### 山頂を目指している

富士山は、男らしい。

今回は、須走口五合目から歩きはじめた。すぐに森林限界を抜け、無機質な火山灰と岩でおおわれた山肌となる。頭上のずっとその先には、頂上が見えている。あたりまえのことながら、延々と登りがつづくのだ。

で、気がついたのは、この登山道に下りはない、ということだ。たいていの日本の山なら、頂上を目指しても、鞍部を越えたり、アップダウンのある尾根があったりである。

ひどいときなど、せっかく登ったのに、いまいちど振りだしに戻れ、といわんばかりのような下り坂に出くわす山もある。

しかし、この独立峰の登山道には、1センチたりとも下りが存在しないのだ。邪念の入りようがない。

「考えるな。登れ！」

人の多さと山小屋の猥雑さにさえ目をつぶれば、「絶景」が広がる富士山である。この景色を見るためなら、もう1度訪れたい。

と、山登りの心構えを諭されているかのようだ。

男らしい。僕もそうありたい！

それにしても、登山ブーム、富士山人気といわれて十数年。しかも世界文化遺産に認定された山である。七月の晴天の今日、人は多い。おじさん、おばさん、若い人、それに小さな子どもまで。そして外国人も。

スタイルもいろいろだ。重装備の人もいれば、古くからお決まりのチェックのシャツの人もいる。雑誌から抜け出してきたかのようなカップルも。そして、スニーカーの人も。さらには、ちょっとそこの八百屋へ買い物に、といった感じで、手提げバッグひとつで歩いている人もいる。

山へ行くには昔ながらの登山のかっこうが当然だ、みたいな感じが、今日の富士山にはまったくない。いい風景だ。山も町も川も海も、みんなが自由なかっこうで歩けばいいの

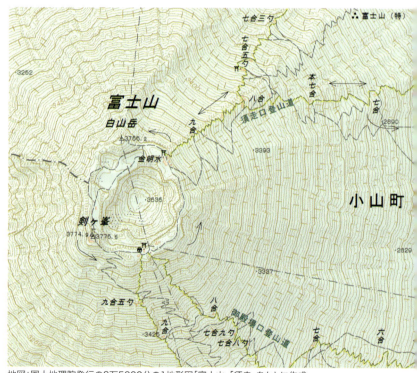

地図：国土地理院発行の2万5000分の1地形図「富士山」「須走」をもとに作成。

だ。自分がいちばん幸せになれる服を着て、闊歩すればいいのだ。

こんなふうに書くと、文句をいいたそうな顔をする山登りの先達がいっぱいいるだろうけど……。

ひとつ、ご勘弁を。

ほかの山に比べ、富士山には山小屋が圧倒的に多い。ちゃんと調べたわけではないが、そんなふうに思うのだ。須走ルートでいえば、六合目にふたつ、七合目にふたつ、八合目あたりになると、さらにいくつか出てくる。

これらの山小屋では、水やお茶、ビールをはじめ、カップラーメンや軽食はもちろん、ガリガリ君や冷凍バナナまである。マスク（埃を防ぐためか、風邪の予防か、花粉症用なのか……）も売っていた。山小屋はちょっとしたコンビニエンス・ストアみたいでもある。

なるほど。分厚い財布さえ持って

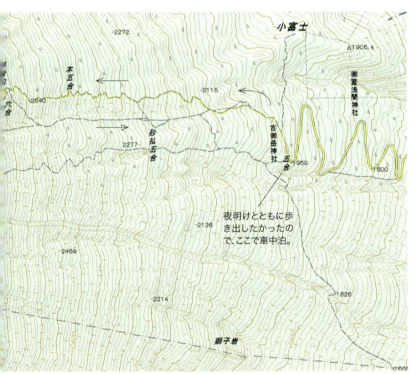

富士山登山は、「吉田ルート」、「富士宮ルート」、「須走ルート」、「御殿場ルート」の4つ。もっともポピュラーなのが「吉田ルート」で、約6割の登山者がこのルートを選ぶ。

いれば、最小の装備で登れる山かもしれない。

山小屋で売っているものといえば、バッジとかペナントぐらいかと思っていた。たしかに、いまでもそうしたものは売っているようだが、ずいぶん様変わりしてきた。

必要なものがそろってきた、という気がする昨今である。かといって、山小屋のコンビニ化を望んでいるわけではない。山でガリガリ君を食べたいわけじゃないのだ（このときは食べたけど……）。

### 想像したこともない景色が、目の前に

さすが、日本一の山である。

頂上へ着いたときは、出発してからすでに7時間近くたっていた。日の出とともに歩きだして、7時間も登りつづけたわけである。

富士山山頂は、お鉢のように丸くへこんだ火口になっている。直径1キロ弱の、そのお鉢を歩くことができる。お鉢めぐりである。

須走口から登ると、最高峰の剣が峰はお鉢のちょうど反対側となる。お鉢を反時計まわりで一周してみることにした。

晴天のなか、お鉢はそのすべてをさらけ出している。首を左右に大きく振らないと、見わたせない広さだ。これほど壮大にして現実的な景色を、僕は見たことがない。

だれもが知っているとおり、富士山は、独立峰で美しい円すい形をしている。そして、お鉢もまさにお鉢と呼ぶ以外にないほどの姿だ。さらには、日本一の標高である。完璧な山なのである。

隙のない山に、嫉妬を覚えるほどだ。そんな思いもこのお鉢を歩いているうちに、消えていく。僕の頭は、この風景に覚醒されてしまった。気持がどんどん豊かになっていくのだ。

じつのところ、寝不足でもあったし、歩き続けでふらふらだった。とにかく、一歩一歩がほんとうに重たい。

が、疲れ果ててはいるけれど、僕はすごく元気だった。

自分を抜けだして、この風景に同調しているかのようだ。山肌にへばりついている残雪のような気分でもある。

こうした不思議な経験が、なにを意味しているのか、僕にはわからない。

なにかの役にたつだろうか。おそらくなんの役にもたたないだろう。いや、なにかの役になんてたっちゃいけないんだ。役にたたないから、歩くという行為は美しいのだ。

ここにこの景色がある。そのことを知っただけでじゅうぶんじゃないか。今後、この景色を思い浮かべるだけで、そのたびに僕は豊かになるだろう。

　酸素がうすいなか、極力くたびれないよう、しずしずと歩かせてもらっている。この景観には僕の思いをはるかに超える得心があった。これは山の形をした思想だ。自然という名の革命だ。参った。参りました。あなたには。心底。

　さすが、日本一の山である。

　僕は日本でいちばん高いところにたたずみ、足の下にある富士山に最敬礼をするのだった。

自分らしい旅へ

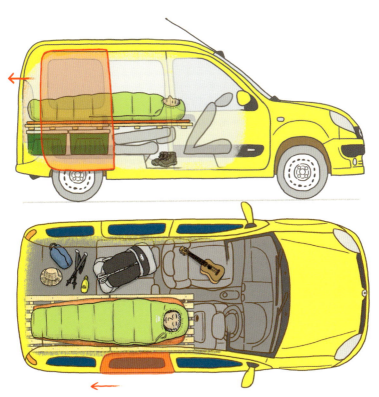

早朝から歩きたいときは、トレイルヘッドで車中泊をすることが多い。僕は、ルノー・カングー（旧型）に乗っているので、すのこマットを敷いて眠る。車中泊のコツは、車を静かな場所に停め、寝床をまっ平らにすること、足と頭の前後に余裕をもたせること、暖かい寝袋。それぐらいかな。

# [スルーハイク] 地球のいちばん平らなところ

**Lesson 5**

　長く歩くコツは、たったひとつ。
「歩け。考えるな。歩け」
　これだけだ。
　呪文のように唱えながら、ばかでかい山肌を登り続けている。一歩一歩。目の前には、槍ヶ岳が壁のように立ちはだかっている。行く手を邪魔するかのように。
　さらには、大きなバックパックが、僕の身体を後方へ引っぱる。
　旅がはじまってまだ3日しかたっていないのに、すでによれよれの体裁である。
　あいつもついに更年期障害でおかしくなったな、と思われたようだけど、ある日あるとき、僕はひとりで北アルプスを南から北へ一気通貫で縦走する、という計画を立てたのだ。
　上高地から日本海（親不知）まで。旅がうまくいけば、2週間。停滞が続けば、3週間。そんな計画だ。
　久しぶりの長旅である。
　いつでもそうだけど、計画を決めた瞬間から、不安というやつはつきまとう。
　でも、実のところ不安というものは、「いま考えてもしょうがないこと」が、ほとんどだ。
　感じているいちばんの不安はなんだろうか。危険な目に遭いたくない、という防衛本能か。歩きとおせるかどうか、という精神的な不安なのか。そればかりは、僕にもわからない。

### 逆らえない衝動に駆られるとき

　しかし、それでも人は出かけていくのだ。
　もしかしたら、ときどき自分をとことん痛めつけたい、というマゾな願望が人にはあるのだろうか。
　ほんのときどき、自分をどこまでもそぎ落とし、それでも出かけたい、という瞬間がくる。その理由ははっきりしないけど、そのときはもう逆らえない。その気持ちには。
　ただ、歳を重ねてきたからか、そうした衝動に駆られる理由もわかるようにはなってきた。
　ほんとうのところ、旅へ出ないですむば、それがいちばんいい。
　東京にいれば、毎日おいしいコーヒーが飲めるし、うまいワインにもありつける。近所のマーケットへ行けば、旬の野菜も売っている。

これからの2、3週間は、ちょっとばかりの不自由があり、危険がある。それでも、出かけていくんだよな、人は。

　部屋の窓からの見飽きた風景から一歩外へ出れば、「なにかが待っている」というあてのない幻想は、じつは幻想ではない。それを知っているからだ。

　大地を自分の手で触ったり、歩くことで感じることは、焼け跡のような都会の日々から抜けだすための「鍵」なのだ。そこへ行けば、この仕事部屋に籠もっていては味わえない風に吹かれることができる。

　僕は、北アルプスを自分の目で見たかったし、自分の手で触れてみたかったのだ。

　ならば、歩くしかない。
「男は、自殺するかわりに海へ出る」と、ハーマン・メルヴィルもいっていたではないか。

### 旅の前半は、センチメンタル・ジャーニー

　3日目に槍ヶ岳を過ぎてからは、見わたすかぎりが山と谷だ。こんなに潔い景色もめずらしいだろうな、とへんな感心をする毎日である。

　北アルプス縦走ルートは、数え切れないぐらいある。山と谷が入り組んでいる中を、登山道はいくつも作られている。

　上高地から出発して日本海まで、というのはいちばんはじめに決めたことだけど、途中のルートをどうしようかは、ずいぶんと悩んだ。出発前の数日は、地図を眺めながら何時間も過ごしたのだ。

　素直に南北縦走を考えると、槍ヶ岳から双六岳、三俣蓮華岳、鷲羽岳、野口五郎岳、針ノ木岳、鹿島槍ヶ岳、五龍岳、唐松岳へ抜けていくルートだろう。

　でも、そこはちょっとひねくれて、三俣蓮華から黒部五郎へ行って、薬師岳を越えて、立山へ。そんなふうに、考えたのだ。

　立山からは、欅平まで一度下りて、白馬岳へと登りかえす。そこから朝日岳を越えて、日本海へ。高低差のロスは大きいかもしれないけど、黒部川源流の山々を歩いてみたかったのだ。

北アルプス南北縦走の初日。笑ってはいるが、ほんとうのところは緊張感満載である。

じつは、30年ほど前のこと。ぼくは、黒部川源流の上ノ廊下を完全遡行したことがある。季節も同じ、8月だった。バックパックをかついで、というスタイルも同じだ。

　黒部ダムから歩きはじめ、1週間ちょっとの旅だった。ぼくにとっては初めての、1週間を超えるバックパッキング旅だった。

　その年（1983年）の春、ぼくは小さな会社を辞めフリーランスになった。27歳。そしてその夏に、10日間ほど下界をはなれ、出かけたのだった。

　そのときは、途中、台風に遭い2日間の停滞があった。それでもなんとか上ノ廊下を抜け、そして太郎平を越え下山したのだった。

　その旅が終わったとき、「この先、なるべく長くフリーランスで生きることにしよう！」と、僕は自分自身に強く声をかけたのだった。

　必要だと感じたなら、1週間でも、2週間でも、はたまた1年でも2年でも、時間が自由になる生活を送る、と決めたのだ。かたくなに。

　今回の縦走旅がはじまって5日目。眼下遠くに黒部川が見えると、そんな青い日のことを思い出し、景色がゆがんだ。この山域を歩くことは、僕の「センチメンタル・ジャーニー」でもあったのだ。

### 趣味の道具と嗜好品からはなれて

　長い旅、というかちょっとしんどい旅の道具選びは、悲しいかな機能が最優先となる。

　おしゃれだとか、気持ちがわくわくするから、という理由ではグッズを選べなくなってくる。なんたって、そのすべてを背負って毎日歩くわけだから、できるだけ軽くしたい。

　趣味の道具や嗜好品は、どんどん犠牲になっていく。

　趣味と嗜好品だけでふだんを生きている人間である僕が、趣味の道具と嗜好品をやめたらどんな男になるんだろう。ある種、動物実験のような感じでもあった。

　出発前、友人に装備の相談をしたら、「アロハを着ていかない。ハーモニカも持たない。ほんと、余裕ないね」といわれてしまった。

　たしかに。準備のときは不安が多く、余裕がなさ過ぎたかもしれない。

　と、山へ来てから後悔してもしょうがないけど。

　食事に関しては、質素のひと言である。すべてがフリーズドライだ。あるいは、行動食の「クリフバー」。

　腹を満たせばいい。極端にいえば、飢え死にしなければそれでいい、と

いう感じだ。

でも、それはそんなに苦ではない。暖衣飽食の都会生活に、飽き飽きしているわけだし。

そんな旅が、続く。

薬師岳山頂からは、地球上のすべてが見渡せるんじゃないかと思うほどの眺望が広がっている。

4日目以降の旅の間、歩く僕のうしろをずっとついてきた槍ヶ岳も、さすがにずいぶんと遠くなった。槍ヶ岳の手前には、歩いてきた山々が延々と見えている。

しかし、遠く離れても槍ヶ岳の存在感はさすがである。何百年も、何千年も、何万年も、背筋をしゃんと伸ばして、あんなふうにとんがって生きていく、というのはどんな感じなんだろう。槍ヶ岳を見るたび、僕は思っていたのだ。

「美しい生き方だな」と。

ところが、顔の向きをかえこれから先のルートを見ると、まだまだ越えるべき山々がつづいている。あたりまえだ。旅はまだ半分も終わっていない。

立山からは(立山では、久しぶりのお風呂に入ることができた)、劔沢大雪渓を下り黒部峡谷の「水平歩道」へ。険しい峡谷に、どこまでも水平な道がつけられている。

全16泊17日の旅。丸数字は宿泊地を示す。

それは、発電所を作るための道だった。

　昭和初期、日本は強い国になるために大きな電力が必要だった。そこで黒部川に目をつけた国は、発電所を作るために大がかりな工事をはじめた。が、黒部峡谷の自然の厳しさに工事は難航。300人以上もの犠牲者が出た。

　強い国になるために多くの無理をしたという状況は、原子力発電を強引に推し進めているいまと同じじゃないか。

　さらには、発電所工事の犠牲者は在日朝鮮人の強制労働者が多かった、という話を今回の旅で聞いた。

　寝つきの悪い旅の夜もある。

　だんだん、月が太ってきている。もうすぐ満月だ。

## 豪雨と強風の洗礼を受けながら

　水平歩道の終点は、欅平。ここからは登り返しだ。

　欅平から白馬岳へと登る。旅の計画を立てたときからわかっていたことだけど、これから標高差2000メートル以上を登るのだ。

　結局、2日間をかけて白馬岳へ到着した。森林限界を超えると、ふたたび北アルプスの舞台に帰ってきた、という感じだ。が、その向こうには不穏な雲が広がっている。

　夜、テントへ入るころには雨が降りだした。さらには、雨が激しくなり、風が強くなってきた。

　ひと晩中、テントがばたばたして、うまく眠れたかどうか。

　朝、まだ暗いうちに起きる。雨は小降りになっているが、風は強い。とにかく出発の準備をする。

　深いガスで、視界はゼロ。

　西からの風が強く、南北に延びる尾根を歩くと、吹き飛ばされそうだ。山での強風は手ごわい。

　もしここでバランスを崩したら、手近な岩にでもしがみつくしかない。両手で岩をつかんだ人間（僕）が、吹き流しのように真横にはためく姿を想像したら、ちょっと笑ってしまったけど。

　山肌にブーツが食い込むよう、一歩一歩に全体重をかける。少しでも地面に重量を伝えたい。バックパックの重さが、このときはじめてありがたいと思った。

　時間とともに風は弱くなったが、またまた雨が激しくなる。靴の中はびしょ濡れだ。20年を過ぎた靴のゴアテックスブーティに効力はない。

　朝日岳の肩に建つ朝日小屋へ逃げこんだ。テント場は水浸し。山小屋のお世話になることにした。

つぎの朝も雨だった。旅は、16日目を過ぎた。
「今日は天気がぐずつくが、明日にはよくなるだろう。そして、明後日からはまた荒れ模様になりそうだ」と、山小屋のスタッフに天気予報を教えてもらう。
「よし、ここから2日で親不知へ行こう」と決める。

### でこぼこだらけの山塊で心は平らになっていく

　いよいよ、旅は最終章へ。朝日岳を越えて、栂海新道へと歩きだした。
　途中、白鳥小屋（無人の避難小屋）で一泊。
　標高が下がり、風景は里山の様相だ。湿度の高いべたべたした暑さが、わが身にまとわりついてくる。
　蝉の声がやけに大きい。夏の終わりを告げるツクツクボウシだ。
　この旅も、終わってしまうのか。
　明日からはまた、青空がなにも問いかけない日々に戻るのだろうか。風も吹かない毎日に戻るのだろうか。
　僕は「どこへも帰りたくないな」と思いながら、旅を終えるための一歩を踏みだすのだ。
　地球がでこぼこでよかった。アップダウンがつらいと思い続けた毎日だったけど、それでもいまこの瞬間の僕は、でこぼこの地球に感謝している。でこぼこの山々に、敬意を感じているのだ。
　でこぼこだらけの山塊で、心は平らになっていく。水平線のように。
　北アルプスは、地球でいちばん平らなところかもしれない。
　昼すぎ、親不知へ到着した。
　海岸までの階段を下り、バックパックを降ろし、シャツを脱ぎ、海へ飛びこむ。
　長い旅が、閉じた。
　海に浮かび、両手両足をその先にあるだろう宇宙まで伸ばす。空を見げ大きく息を吸って、目を閉じた。
　達成感はとくに感じなかった。手もとにあったのは、もうこれ以上登らなくていいんだ、という安堵感だけだった。
　人にとって、長い旅がどういう意味をもつのか。もちろん、僕にはわからない。でも、ひとつの旅を終えた僕は、旅へ出る前とは確実に違っている。それは実感としてある。旅の計画を立てた夏前とは、違う場所に立っている自分を実感できるのだ。
　長い旅というのは、そういうことなのかもしれない。

# → スルーハイクで歩きたいロングトレイル

## 八幡平から秋田駒

春にテレマークスキーを履いて、温泉宿や無人の避難小屋を利用しての縦走だった。よき仲間と好天と、それに満月のお月さまに救われた旅でもあった。無雪期にもう一度訪れてみたい場所だ。紅葉の秋がいいかな。

## 大雪山

ここを歩いたのは、もう20年も前の秋のこと。5日間の行程だったか、6日間だったか……。毎日毎日、でかい景色と目に飛び込んでくる紅葉にため息ばかりついていたことしか覚えていない。日本の自然もなかなかやるな、と感心しきり。

南アルプスのいくつかは、それぞれに登ったことがある。が、地図を眺めているとつなげたくなってくる。しかし、一日の行程が長くなりそうな箇所が、いくつかありそうだ。天気の安定する夏がねらい目かな。

瑞牆(みずがき)山や金峰山、甲武信ヶ岳、それに雲取山や飛龍山など、それぞれの山には登ったが、スルーハイクはいまだ敢行できず。関東に住む人にとっては、身近な場所でもある。近々、「ずどん」と歩いてみようかな。

**あとがき**

# DIG YOURSELF！

　昨年は、この本の原稿を書く作業と並行して、「BIG PINK」と僕が呼んでいる物置小屋をツーバイフォー工法で建てた。基礎から建築、塗装（もちろんピンク色である）までの実作業には、友人たちが手伝ってくれた。「ビッグ」と呼ぶには小さいかもしれないけど、わが家の狭い庭でこの小屋は存在感たっぷりに居座っている。

　物置小屋のつもりで作ったんだけど、この本でも紹介しているいくつもの旅道具を並べると、まるで「隠れ家」のようになってしまった。

　いつの間にか、ここで過ごす時間が長くなってきたのだ。道具の手入れをしたり、旅の準備をしたり。

　あげくには、小屋の中に座りこんで、音楽を聴きながら本を読んだり。

　そうそう。小屋にこもるときはiPhoneを持ち込まないことにした。携帯電話を持つことで、人は「孤独の機会」を捨てるからだ。

「BIG PINK」にこもっていると、ひとりで過ごす時間は、ほ乳類としての感性を身体の内側によみがえらせるために必要なことかもしれないな、と思いはじめた。少なくとも、僕はその時間を欲していたのだ。

　この本を手にしてくれた人たちへ、「DIG YOURSELF（ひとりを楽しめ）」という言葉を贈ります。

2017年、冬。「BIG PINK」にて。堀田貴之

最後に謝辞を。
　いつものことながら、ひとつのものを完成させるためには多くの人のお世話になる。これは、ひとり旅でも同じことかもしない。
　大塚真さん(DECO)、橘浩之さん(技術評論社)は、とくに。なかなか原稿を書かない僕を、叱咤し、激励してくれた。
　そして、旅を共有した多くの友人（ひとり旅であっても、支えてくれた人たちがいた）。
　また、初出の出版社、そしてアウトドアメーカー各社にもお礼を。
　WILD-1(ワイルドワン)にも、ありがとうを。WILD-1のHP内にブログ『外遊び道具考』を4年以上にわたって書かせてもらっている。そのことで、僕は道具のことをもう一度、しっかりと見直すことができた。
　さらには、この本を待っていてくれた人たちに、ありがとう。この本を愉んでくれれば、うれしいです。
　「一冊の本を作る」ということは、足を向けて寝ることができない人たちを多く作ってしまうということだ。
　みんな、ほんとうにありがとう。

Cool but Natural

Takayuki Hotta

[写真撮影]　山田真人
　　　　　　岡野朋之
　　　　　　佐藤雅彦
　　　　　　亀田正人
　　　　　　猪瀬慎一
　　　　　　安部滋
　　　　　　堀田貴之

[写真提供]　スーパーフィート
　　　　　（株式会社インパクトトレーディング）

[初出]　『外遊び道具考』
　　　　（WILD-1ホームページ内Blog）
　　　　『PEAKS』(枻出版社)
　　　　『TRAMPIN'』(地球丸)

[Thanks to]　アクシーズクイン
　　　　　　伊東孝志
　　　　　　イワタニ・プリムス
　　　　　　エイアンドエフ
　　　　　　小山正博
　　　　　　シエルブルー
　　　　　　新富士バーナー
　　　　　　スリーペンギンズコーヒー
　　　　　　ナンガ
　　　　　　蜂須賀公之
　　　　　　ビクセン
　　　　　　ビッグウイング
　　　　　　マイルストーン
　　　　　　ezBBQ COUNTRY キャンプ場
　　　　　　WILD-1

## 堀田貴之

1956年大阪市生まれ。
文筆家。

　50歳を迎えたとき「これからは、好きなことしかしない！」と決めた。しかし、還暦をすぎたいまも、「好きなこととは？」を問い続けているありさまだ。

　ティーンエイジのとき、「自由」という甘い香りのする言葉を知った。あれから早40数年。旅の途上に、ときとして「自由」を実感する日々があらわれはじめた。もうしばし、転がり続けようかな。

　著書に、『ホットサンド 54のレシピと物語』（実業之日本社）、『バックパッキングのすすめ』（地球丸）、『タルサタイムで歩きたい』（東京書籍）、『海を歩く』（山と渓谷社）、「テレマークスキー漫遊奇譚〜転がる石のように」（スキージャーナル社）などがある。

| | |
|---|---|
| [カバー・本文デザイン] | 藤井耕志、萩村美和(Re:D Co.) |
| [DTP] | エム・サンロード |
| [イラスト] | スズキサトル |
| [編集] | 大塚真(DECO) |

大人の自由時間 mini

## 一人(ひとり)を楽(たの)しむ ソロキャンプのすすめ
### もう一歩先(いっぽさき)の旅(たび)に出(で)かけよう

2017年3月22日　初版　第1刷発行

| | |
|---|---|
| [著者] | 堀田貴之(ほったたかゆき) |
| [発行者] | 片岡　巖 |
| [発行所] | 株式会社技術評論社 |
| | 東京都新宿区市谷左内町21-13 |
| | 電話　03-3513-6150：販売促進部 |
| | 　　　03-3267-2272：書籍編集部 |
| [印刷／製本] | 図書印刷株式会社 |

定価はカバーに表示してあります。

本書の一部または全部を著作権法の定める範囲を超え、無断で複写、複製、転載あるいはファイルに落とすことを禁じます。

©2017　Takayuki Hotta, Hooky's Farm LLC

造本には細心の注意を払っておりますが、万一、乱丁(ページの乱れ)や落丁(ページの抜け)がございましたら、小社販売促進部までお送りください。送料小社負担にてお取り替えいたします。

ISBN978-4-7741-8775-4　C2036
Printed in Japan